特殊兒童教學法

推薦：邱惜玄 校長

作者：Peter Westwood

譯者：陳夢怡・李淑貞

弘智文化事業有限公司

Commonsense Methods for Children with Special Needs

Third Edition

Peter Westwood

Chinese edition copyright © 2001

By Hurng-Chih Books Co.,LTD.

for sales in Worldwide

ISBN 957-0453-35-4

Printed in Taiwan, Republic of China

作者序

　　現今盛行的「融合教育」思潮，促使特殊教育與普通教育必須做某種程度的結合。以「混合教育」為基礎的融合運動，強調所有孩子都應享有普通學校的受教權，並享有平等的參與主流課程之機會。

　　1970年代與1980年代，輕度障礙與學習困難學生安置在普通班的人數逐漸增加。從那時起，開始有人積極鼓吹，讓障礙程度更嚴重的學生也進入主流教育的教學環境。「完全」融合教育的擁護者認為：對於特殊學生，任何形式的隔離都是違背社會公義的做法，因其否決了他們和其他孩子一樣，享受同等豐富學習經驗的權利。這些人希望看到，即便是重度障礙學生，也能進入普通學校，在普通學校接受他們需要的特殊教育服務。另一派融合運動的支持者則認為：特殊學校與特教班等安置措施仍應保留，以因應重度障礙學生的可能需求；而特殊教育服務的功能應著重於，讓重度和多重障礙學生能夠比較輕鬆地和一般學生一起接受教育。

　　在大多數已開發國家，融合教育已是既成的教育政策。為此，教育研究者投入大量心力，研究並評估各種融合中、重度障礙學生的有效方法。事實上，要在普通班裡滿足各種學生的特殊需求並不容易，需要謹慎的計劃、執行、和評估。學校、教師、專業人員、和家長之間的密切合作，是融合教育不可或缺的支持力量。此外，個別化原則在教案設計與教材教法中的

應用，也是融合教育成功的必備元素。

融合教育，讓普通教師必須面臨改變教學內容與教學方法的考驗。本書希望能爲普通教師提供實際且有效的建議，以幫助教師面對挑戰。據統計，大約有百分之二十的學生，在他們的求學生涯中會產生特殊教育需求。這表示，有特殊教育需求的學生並不在少數。

筆者相信，結構嚴謹的明確（explicit）教學方法，最能幫助有特殊教育需求的孩子。因爲以兒童爲中心的開放式教學方法，其基本假設對孩子的學習動機和自我教導能力有過多不切實際的期待。在推行融合教育的同時，教師們千萬不要忽視了對所有學生都有助益的明確教學法。

推薦序

推薦者：邱惜玄〈台北縣汐止市東山國小校長〉

90.08.02

提供「零拒絕、無障礙、最少限制之教育機會」是我國特殊教育法〈民國八十六年五月十四日頒布〉的三大特色，由此內涵中可以了解國內對特教的重視及關懷，因此從事教育工作者若能在教學上有幾把刷子〈教學秘訣〉必能協助特殊兒童順利學習與成長。

有人說「與其給他一條魚，不如教他去釣魚」，《特殊兒童教學法》乙書就透顯出這個功能。本書作者強調，融合教育是當前先進國家教育之趨勢，我國在最近一次特殊教育法令修訂中亦特別強調推動融合教育。而本書最大特點就在於提供一般教師一個結構嚴謹、實際有效、且具體明確的教學方法。這些方法都是經由各種實証研究，分析出最能幫助那些有特殊教育需求兒童的具體做法，對實際從事教學的教師而言，非常具有參考價值。全書共有十四章，每章除了介紹各項教學法外，每章末尾也都提出若干討論，讓教師有足夠的反思空間。茲簡單介紹各章重點如次：

第一章：學習困難與學習障礙。主要在介紹學習困難與學習障礙之特質，並強調有效教學與明確教學〈直接教學和主動教學〉的重要性，且提出在融合教育的課程中運用個別化教學

原則的相關概念。

　　第二章：早期鑑定與早期療育。特別提出早期篩選測驗與教師擔任觀察者角色的重要性，並提出高風險群指標及有效早期補救教學的重要關鍵方法，供教師們參考。

　　第三章：幫助孩子發展自我管理技能。指出自我管理技能是有特殊教育需求的兒童能成功融合在普通班裡的關鍵要素。至於如何協助兒童自我管理技能？文中提及須增強孩子的內在制握信念與技巧。

　　第四章：學習的自我調控發展。本章介紹指導兒童自我調控的學習方式，以建立學生的信心，並藉由後設認知教學與認知行為改變，有效協助教師達成教學目標。

　　第五章：行為管理。討論如何治療兒童的行為問題，其中應包括課程內容、同儕團體、教室環境及家庭狀況等因素。

　　第六章：改善社交技能與同儕接納。本章介紹如何找出人際關係有問題的孩子、創造一個支持的環境及社交技能訓練等。

　　第七、八、九章：閱讀。此三章介紹以全語文教學法來指導兒童基本的閱讀技能〈如認字、語音解碼和拼字等〉，並進而運用更多教學技巧〈遊戲、教具、投影機、多重感官教學〉來增進兒童閱讀理解能力。

　　第十、十一章主要討論指導兒童寫作技巧〈如故事網路、摘錄大意等〉，並指導兒童如何用眼睛拼字〈視知覺〉、用耳朵拼字〈聽知覺〉、用手拼字〈運動知覺〉等來協助孩子發展拼字技能。

　　第十二章：發展算術與解題技能。主要在討論兒童學習數字概念、算術和解題時遭遇困難的成因，並提出解題的教學策

略供教師參考。

　　第十三章：融合與區隔。主要在說明融合實務與區隔化教學的重要性，並強調教師間的合作要著重在教學方法與選擇課程內容兩個面向。

　　第十四章：特殊教育支援網路。重點在介紹特教相關的支援系統，如協同教學模式、特教需求協調者、家長、志工、資源教室模式、巡迴教師團隊等之相互合作關係。

　　由以上各章內容，我們可以窺知本書除提供精闢之教學法之外，亦能兼顧「秉持零拒絕之教育理念，肯定人人均有受教之可能，重視適性化潛能發展、落實人性化融合教育、推展關鍵性早期介入、推動積極性家長參與、落實協同性合作教學、組織服務性專業團隊」等原則，期待此書的推出不僅能協助教師提升有效教學策略，更能以「真、善、美、愛」的教育信念，來協助特殊需要的兒童跨越心靈的鴻溝。

目　錄

第一章

學習困難與學習障礙

　　學習困難的學生彼此間有著極大的差異，每個人遭遇的學習困難都各自不同，有的人是學業性的學習困難，有的人是認知功能的問題，也有的人是情緒方面的問題（Kraayenoord & Elkins, 1994, p.244）。

　　「學習困難」是一個概括性的用詞，被廣泛而不甚精準地用來指稱約佔總數百分之十到十六的學生所經歷的一般性學習問題。雖然，有智能、身體、和感官缺陷的學生，也通常會產生學習與社會適應問題，但「學習困難」一詞通常意指與這些缺陷無直接相關的學生身上。當然，過去教師們口中的「學習遲緩者」、「低成就者」，或更籠統的「難以管教」學生，都可算是「學習困難」。至於所謂的「特定學習障礙」兒童，指的則是具有平均以上的智力，卻在沒有明顯原因的情況下，在基本學業技能的學習上遭遇極大的困難（美國精神醫學學會，1994）。然而，只有大約百分之三的學生有特定的學習障礙（Frost and Emery, 1996），我們將在本章中討論他們的獨特問題。

　　在有特殊教育需求的學生當中，有一般與特定學習困難的

學生佔了絕大多數，這些學生若要在普通班得到成功，必須給予他們額外的支援和特別的照顧。

安置

過去十年來，愈來愈多學習困難學生被安置在普通班中，而不是被隔離於特殊團體。普通班裡也出現了有智能、身體、或感官缺陷的學生，甚至包括有情緒或行為問題的學生。這些學生之中，許多人在過去是必須上特殊學校的。將特殊學童融入普通班的運動，肇始於1970年代，並在1980年代末期與1990年代初期日益獲得重視。

此一運動，戲劇化地改變了特殊教育的本質，也為普通班教師的角色帶來強大的衝擊。將有特殊需求的學童安置於普通班的政策，起初名為「混合教育」（integration）或「回歸主流」（mainstreaming），現在則稱為「融合教育」（inclusion）。「融合教育」目前已是教育領域中具爭論性的議題之一（Banerji & Dailey, 1995; Brucker, 1995）。

有人說「融合教育的目的不是為了消彌歧異，而是為了讓所有的學生歸屬於同一個尊重個體的教育團體」（Stainback et al., 1994, p.489）。大多數已開發國家都已認同此一主張：每個孩童都應該享有在普通班接受教育的權利。包括美國、加拿大、英國、澳洲、紐西蘭，以及歐洲多數地區，教育政策的制定都深受該主張的影響。在這些地方，「融合教育」已成為安置特殊學生的普遍模式（Ashman & Elkins, 1994; Gross & Gipps, 1987; Murray-Seegert, 1992）。

　　這項融合所有學生（完全融合教育）的政策極具爭議，有些教育專家也指出，由於普通班對某些學童而言，並不是最少限制的學習環境（Smelter, Rasch & Yudewitz 1994; Putnam, Spiegel, & Bruininks, 1995），因此應保留全部的安置措施，包括特殊學校和特殊班，以便為每一個有缺陷的個體做最適當的教育安排（Vaughn & Schumm, 1995）。

　　「融合教育」在實務上問題重重。最明顯的是在重度和多重障礙的個案上，因為這些學生中，有許多人對於身體照料上的需求，更甚於對特殊教育的需要。然而，也有證據指出，做好準備接受全面融合挑戰的學校，確實也較能為這些學生提供適當的課程安排（Clark, 1994; Farlow, 1996; LeRoy & Simpson, 1996）。

　　比較起來，融合輕度障礙學生與一般學習困難學生所面臨的問題要少得多，而且普通班教師也可以學會適合這些學生的教學方法（Andrews & Lupart 1993; Koop & Minchinton 1995）。此外，也有人質疑：完全融合不能夠給予特定學習障礙學生任何益處（Roberts & Mather 1995）。這些在學習基本學業技能上，有極大困難的學生，通常每天都需要至少一節課的個別指導。而事實上，普通班級不可能提供這樣的補救教學。其他需要特別指導或有治療需求的學生，在普通班裡恐怕也得不到他們需要的照顧。

融合策略

　　如何達成最有效的融合，是新的研究議題（Hollowood et

al. 1995; Giangreco 1996）。然而，要將有學習困難或適應問題的學生融合於普通班中，需具備下列幾項不可或缺的要素：

- 校長的強力領導；
- 支持融合的全校性政策發展；
- 以正面態度看待有障礙的學生；
- 全體教職員共同合作，分擔問題與責任；
- 在教職員間建立互相支援的網路，並且與校外提供支援的單位建立聯繫；
- 充足的物質與人力資源；
- 提供教職員定期的專業訓練；
- 與學生家長建立緊密聯繫；
- 適當的課程安排與教學方法（個別化教學）。

我們將先行討論教學方法。有些教育專家認為，以學生為中心的、歷程取向的教學最能幫助有障礙的學生（Goddard 1995; MacInnis & Hemming 1995）。但是，這類教學方法雖被認為較能包容學生的差異，但其通常著重在學生本身及其社會化的進展，而非學生對課程內容的掌握。因此，有證據指出，這樣的教學方法並不符合所有學生的需求，且特別不利於有學習問題的學生發展基本學業技能（Harris & Graham 1996）。融合教育的目的，除了讓有學習困難和障礙的學生融入團體之外，仍必須注重他們的學業進展，這樣才算是有效的融合。

本書想說的是：讓學生自己發現問題、提出疑問、進而解決問題的教學方法，本來就應該常常用在教學上，但前提必須是，這類教學方法的使用，能夠讓學生得到最大的學習效益。舉例來說，較高層次的認知技能發展與解決問題策略的進步，

都需要這種教學方法來達成。然而，這種教學方法通常不能適用在初學閱讀與算術技能的學生身上。本書作者認爲，在學習基本學業技能的早期階段，與掌握課程內容核心這兩方面，教師用明確的方法直接教導，最能達到教學目標（Westwood 1995a）。

有證據顯示，在系統化的課程中使用有效的直接教學法，最能幫助有學習困難與障礙的學生達到學習目的。特別對有行爲問題或有某種程度之情緒困擾的學生來說，更需要安定的學習環境及內容適切明確的課程安排（Lloyd 1998; Gow & Ward 1991; Kauffman et al. 1995）。

有效教學

本書的第一版曾經提過，清楚且有效的教學不僅能夠提升所有學生的成就水準，並且可以大大地降低學習失敗的比率。近來，有更多的證據充分支持這個觀點（Rosenshine 1995; Creemers 1994; Phillips et al. 1996）。因此，我們可以說，有效教學是邁向融合的第一步（Barry 1995）。

有效教學法，能提供學生最多的學習機會，學生經由持續的習作行爲提高成就水準。所謂「習作時間」是指學生積極地參與課堂作業的上課時間，這包括了聆聽老師的教導，獨力或與同學合作完成指定的習題，以及應用之前習得的知識和技能。研究顯示，和那些被教師們期待能自行發現知識的學生比較起來，直接從老師那裡得到教導的學生會花較多的時間在課程內容上。有效的課程，特別是那些涵蓋了基本學業技能的課

程，往往都有一個清楚的結構。

有效的教室課程，特別強調學生的學業進展，通常包含以下要素：

- 每天複習前一天的課業；
- 清楚地呈現新的技能和概念，由老師多做示範；
- 指示學生練習，要求練習成效，並且給予每個學生回饋；
- 由學生獨立練習，適當地應用新的知識和技能；
- 系統地累積修改先前教授的課程。

最重要的是，所有的學生在做指示性的練習時都能得到學習成效。教師必須熟練地監看教室裡每一個學生的表現，並且依學生的個別需求和學習速度給予改正回饋。

麥寇米克（McCormick）的有效教學指引

有些教師，能夠幫助學生達到優於預期的成就水準。麥寇米克為我們歸納了這些教師的特質，他的摘要提供了一個極具價值的架構，可供我們在設計教案時作為參照之用，並能滿足每個學童的需求。他於1979年提出的意見，非但在當時非常珍貴，至今仍具有參考價值。

在學生表現優於預期的學校裡，教師們對於課程內容的結構和本質，的確有更深入的瞭解。他們：

- 特別注重課程目標；
- 更能準確地判斷達成這些目標所需的時間；

- 在教學時，更常使用結構性的解說；
- 成功地將課程分解成容易處理且條理分明的段落；
- 更能預料達成教學目標之前會遭遇的問題，並且做好解決問題的準備。

這些教師，對於班上學生的特質，也的確有更深入的瞭解。他們：

- 更常基於學生的反應來修改教學；
- 更能恰當地使用適合學生年齡和程度的語彙；
- 依班上學生能力的差異來調整問題的難易度；
- 呈現難易度適中的教材。

這些教師甚至對於學習的原理也有更多的瞭解。他們：

- 時常利用機會，為學生創造與維持一種適當的心理狀態；
- 時常鼓勵學生為自己設定適當且實際的目標；
- 努力營造一種關懷的氣氛，讓學生感受到學習課程內容的重要性；
- 更常提供機會，讓學生體驗成就感；
- 更常給予學生立即的回饋；
- 更常檢視學生的學習成效（在學生達到可接受的學習成績之後，才繼續進行）；
- 對於練習時間的長度和間隔有更適當的考量；
- 概括來說，能夠提供更多意義明確且條理分明的教學。

（Based on Mccormick 1979, p.60, and reproduced with permission.）

明確教學

和有效教學密切相關的是「明確教學」。「明確教學」意指：在教導學生重要的技能與課程內容時，所使用的一種非常直接的教學方法。明確教學不讓「學習」這件事有任何碰運氣的機會。舉例來說，在基本的技能學科，如閱讀、寫字、以及算術等，教師會將學生需要的知識、技能、和策略詳盡地教給學生，而不是期望學生碰巧學會這些基本的學業技能。

所謂的「直接教學」和「主動教學」，常常指的就是明確教學（Kindsvatter, Wilen & Ishler 1992）。明確教學，顧名思義，就是說老師在每一個新的學習階段都給予學童非常清楚明白的教導、示範、解說、練習、與改正回饋。

明確教學必定包含以下關鍵要素：

- 將學習課業分解成簡單的步驟；
- 直接教給學生課業策略（如何著手某一學習課業）；
- 教師清楚地示範與解說；
- 提供學生指示性的練習，並且給予改正回饋；
- 利用各種方法使學生專注於課業學習；
- 密切地監督每一個學生的學業進展；
- 給予需要的學生反覆的教導；
- 提供機會讓學生成功地練習與應用新的知識和技能；
- 時常修正先前教過的知識和技能；
- 最適當地利用教學時間。

在使用明確教學的課堂上，學習困難學生非但表現出明顯

的進步，而且他們後來都成爲較有信心且較有效率的學習者。
在學習新課業的早期階段使用明確教學，絕不會阻礙學生最終
發展出自主性的學習能力，事實可以證明一切（Pressley &
McCormick 1995）。

個別化與融合實務

　　爲因應普通班級內部的特殊需求，除了明確教學之外，教
師們時常得到的另一個建議是「個別化教學」。對「個別化教
學」的誤解，很可能會導致問題。要求教師因應全體學生的個
別差異，包括有障礙與有學習問題學生的個別差異，並不是要
教師一整個上課天都給予每一個學生個別的學習方案（Good
& Brophy 1994）。這種安排不僅行不通，也沒有必要。只要預
期不同的學生有不同的學習表現，教師同樣能夠進行全班性的
活動與分組習作。舉例來說，在一堂課裡，也許有孩子可以毫
不費力地寫出三頁作文，而另一個孩子只能勉強寫出三行，還
有另一個孩子只能用圖畫表達，這些都是可接受的表現。課堂
活動必須允許每個孩子去做嘗試，並且讓全班一起得到某種程
度的進步，這才是「融合的」課程安排。將特殊學生安置於普
通班級的混合教育，除了個別化教學，同時也必須設計融合的
課程。在運用個別化教育方案（IEP）的時候，不僅要明確地
指派學生的個別活動，也必須說明他在課程的那些範圍可以和
全班一起上課。理想的情況是，大部分的上課時間都能在主流
課程中加入融合的課程安排。

　　即使在全班性或分組活動時段，教師也能夠運用「個別化」

的教學方法。例如，在分組問問題時，教師向甲學生提出簡單的直接問題，而向乙學生提出較困難的問題。同樣地，當教師讓某個學生進行額外的基本練習，以求學生對基本主題能有更完固的掌握時，也可以給另一個學生較深入而複雜的練習。個別化教學的其他實例，同樣也需要教師對班上學生的徹底瞭解，包括：給某些學生較長的作答時間、特別讚許某些學生、用不同方法激發學生對討論主題的興趣與能力、在小組裡分派責任、修正短期目標、提供較多（或較少）的直接協助、較常為某些學生修訂主題、挑選或建立一套替代性的教材庫。

運用有效教學，加上個別化教學與融合的課堂活動，教師就不需要太常為身心障礙或學習困難學生設計單獨的學習方案。除了非常瞭解學生之外，教師還必須知道可能導致或加重學習困難的原因，尤其是那些教師本身能掌控的因素。

與學習困難相關的因素

學生的學習問題很少是單一因素引起的，有時甚至根本無法確認問題起因。因此，學習困難的診斷仍舊是一門非常不精確的科學。

實作演練：可能導致學習困難的因素

步驟一：

‧列舉所有可能導致學生學習困難的原因。例如，聽覺缺

陷、上課缺席、語言能力等等。

步驟二：

‧依下列清單，分析你列舉出的原因，並在每個原因的屬
性上做記號。例如，「聽覺缺陷」就在「學生本身」這
一項打勾。有些原因可能需要在一個以上的項目做記
號。

1. 學生本身
2. 家庭背景或文化背景
3. 同儕關係
4. 課程內容
5. 教學方法
6. 師生關係
7. 學校/教室環境
8. 其他

　　當然，在你的分析清單中，「學生本身」這一欄的記號可
能遠多於其他欄位。這是一種很普遍的反應：面對學生在學習
上的失敗，先在學生身上尋找問題或是缺點（Westwood
1995b; Bearne 1996）。「他是怎麼回事？」我們會這麼問。孩
子的學習成績不理想，連家長都會先臆測他們的孩子有哪裡不
對勁，然後帶孩子去看教育心理學家和醫師，以尋求評量或診
斷。然而，光是探究這個問題，不太可能得到有用的答案，因
為再好的回答也只能解決問題的一部分。檢視孩子本身以外的
因素通常會比較有成果，例如老師教學的品質和型態、老師的

期望、課程的適切度、教室環境、班上的人際關係、以及和老師相處的情況。與孩子本身、家庭背景、或文化背景等因素相較之下，這些外在因素更容易在學校得到修正。尤其是有些學生呈現出來的學習困難，可能正好反映出課程內容的不適當和老師的教學品質低劣。有人稱這樣的學生為「課程障礙」（Elliott & Garnett 1994 p.6），這些學生對於不符合他們興趣或學習特質的課程感到無聊，他們之中有許多人排斥學校，尤其是中年級，而學校最終也放棄他們（Rees & Young 1995）。

幾乎任何學習問題，都是由許多互相影響的因素結合而成，想要幫助有學習問題的學生，每一個因素都值得關注。如果教師不重視這些因素，不採取有效及個別化的教方，其作為無異於將學生推向失敗循環的入口。

失敗循環

「失敗循環」傳達的基本訊息是：如果你一開始不成功，你就不會成功！

根據觀察，非常年幼的孩子就已經會以「失敗者」看待自己。如果孩子發現，自己不能像其他孩子一樣輕而易舉地做某件事，他就會失去信心。失去信心的孩子，會刻意避開與失敗經驗相關的活動，有時候甚至會逃避任何新的或具有挑戰性的學習。逃避將導致練習不足，而練習不足必然無法讓逃避者獲得進步或信心。持續不斷的失敗，將造成學生缺乏自尊與學習動機低落。

早期失敗的影響日積月累下來，許多學習困難的實例就這樣產生。雖然每個學生對失敗的承受度各不相同，但是失敗終

究不是令人愉快的經驗，而幾乎所有的學生在受夠了失敗之後，都會發展出逃避的策略。必須注意的是，失敗循環並不侷限於早期學校經驗，生命中的任何時期都可能發生。

「失敗循環」的概念，能給予教師兩大啓示。首先，很明顯的，就是在教導新課程時，盡量降低早期失敗的可能性。爲了達到這個目標，教師必須做好課前準備，並且非常清楚地呈現新的內容，盡量給予學生直接而有效的指導與支持，以確保學生一開始就成功。明確教學，在這裡扮演了主要的角色。其次，打破失敗循環的惟一途徑，就是設計一些能夠讓學習者體驗成就感的活動，讓他們體認到自己正在進步。我們將在下面

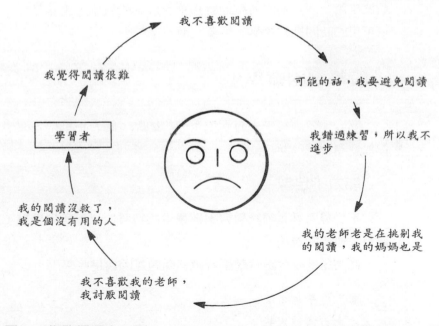

圖一 失敗循環之一例

的章節中，討論達到此一目標的策略。

最可能有學習問題、最可能時常經歷失敗挫折的，就是教師們過去口中的「學習遲緩者」。「學習遲緩者」這個名詞，與其他對學生的標記一樣，在這幾年屢遭反感，如今已被「學習困難學生」取代。因為，「學習遲緩者」一詞不僅有歧視之意，而且會扭曲教師的態度。它暗示著這樣的學生必須「慢慢地教」，而這根本不符合這些學生真實的需求。關於這一點，曾經有人提出，允許學生緩慢地進步，的確會加深能力不同的學生之間的鴻溝。

可想而知的是，如果不特別為學習困難和學習障礙學生考慮，他們就會愈來愈落後，成功的機會也愈來愈少。以教學的角度來說，「特別的考量」意指更有效率的教學，也就是說，在可用的時間裡教給學生更多，而不是更少。

一般學習困難學生

關於學習困難學生有兩種不同的觀點：能力不足型，與學習無效率型。

能力不足型

不少專家嘗試歸納學習困難學生的特質，以下所列幾點，綜合了他們的看法。

他們認為學習困難學生會遭遇問題是因為這些學生：

· 智力在平均之下；
· 注意力週期太短；

- 對知識和技能的記憶力太弱；
- 聽覺技能開發不足；
- 對複雜的語言結構理解力太弱；
- 語彙貧乏；
- 類化和轉化新知識的能力不足；
- 沒有探索知識的慾望；
- 不能利用閱讀增長知識，不能享受閱讀；
- 在文字方面有重大問題；
- 自尊心低落；
- 自我管理技能不足；
- 對失敗產生行為和情緒性的反應。

　　我們很容易瞭解，為什麼專家使用上列的負面語彙，來描述所謂的「能力不足」學生。但是，這些負面、悲觀的評語，很可能讓教師們認定，這類學生根本無法教導。然而，如果教師明白學生學習困難的源由，在備課時就能夠考慮得更周詳。上面列舉的各點，讓我們對適合學習困難學生的教法及內容，能有更深層的理解。

　　許多年前曾經有人說過，「雖然學習遲緩者與社交面弱勢者，往往比較沒有能力付出，但是這個事實提醒我們的，不是他們的限制，而是他們的需求」（Gulliford 1969 p.48）。

學習無效率型

　　另一種看法，則將學習困難學生的問題，歸咎於學生無效率的學習方式。據觀察，有些學生非常缺乏學習方面的技能，他們沒有學習新課題的有效方法，總是採用一些臨時策略來面

對，可惜的是，臨時策略往往會造成失敗。他們非但不做事前計畫，也不監督自己的表現，因而時常陷入失敗循環的泥沼。早期的失敗逐漸磨損他們的信心，而隨著失敗發展出的逃避策略，更減少了他們學習的機會。在1970年代，有人開始注意這些問題，他們認為，許多被視為輕微智能障礙或者特定學習障礙的學生，其實仍具潛能。他們相信，這些學生需要的是學習「如何學習」（Stott 1978; Stott, Green & Francis 1983）。事實證明，依這個方向來教導學生，對學生非常有幫助（Bechtol & Sorenson 1993; Butler 1995）。

「學習無效率型」所呈現的學習問題，更強化了明確教學對學習困難學生的重要性。他們需要管理良好的教室環境、清楚主動的教學、體驗成就感的練習、以及能激發學習動機的課程內容。只要課堂活動適切地配合他們的興趣，教學計劃能夠結合教室內的直接教學與教室外的實際經驗，這些學生在態度、行為、以及學習成就各方面都會有明顯的進步（Young & Rees 1995）。

學習障礙

學習障礙一詞，適用於無法將學習困難歸因於智能不足、感官缺陷、文化面或語言面不適應、或者教學不足等因素的學生身上（Brock 1995）。這一群大約只佔總數百分之三的學生，在學習上有長期的問題，尤其是在閱讀、寫字、拼字、算術等學業技能方面。

雖然「學習障礙」是1960年代才開始的研究領域，但遠在

二十世紀之前就已有關於罕見學習困難的鑑定記錄（Richardson, 1992）。雖然，「學習障礙」一直是教育領域中最受關切的範疇，但是，學習障礙這個主題卻仍極具爭議性。有些教育學者，堅決否定這種有別於一般學習問題的學習困難之存在（Franklyn, 1987），而另一群專家，則堅持一種在內涵與起因上，都不同於一般學習困難的學習障礙確實存在。即使經過數十年的研究，關於學習障礙的確切定義仍然沒有結論（Kavale, Forness & Lorsbach 1991; Shaw et al. 1995）。

　　「特定學習障礙」中最廣為人知的，正是「閱讀困難」。有這類問題的學生約佔總數的百分之一（有些論文則提出更高的比例數據）。其他還有所謂的「書寫困難」、「拼字困難」、與「算術困難」。然而，這些「準醫學名詞」對於如何安置與教導這類學生，可說是一點幫助也沒有。

　　有些研究學習障礙的專家，將這種學習問題歸因於學生本身之神經系統，或身體結構的缺陷。他們認為，學習障礙學生也許是在出生前或出生時，即受到非常輕微的腦部損傷，或因為神經系統的成熟速度比一般人緩慢，甚至可能是其神經系統的生物化學失衡。不過，即使這些因素能解釋某些特定個案，我們仍必須特別指出兩個重點。第一，這樣的診斷並未為教育上的介入提供任何有用的訊息：它沒有告訴我們該做些什麼。第二，學習困難不太可能僅由此一單一因素造成。

　　雖然，一直有研究者特別強調學習障礙的生理因素，在某些個案研究中，甚至增列了可能的遺傳因素，但近年來已有學者在研究中提出其他可能的原因，其中最受矚目的是「學習型態」（Bradshaw 1995）。在許多學習障礙的案例中，學童的學習型態非常沒有效率，譬如，在學習認字、拼音、或算術時，

沒有利用適當的系統方法來輔助學習。這個事實點出了一個重
點，那就是我們可以教給這些孩子比較有效率的策略，讓他們
的學習機制能夠運作得更好（Sullivan, Mastropieri & Scruggs
1995）。

另一個造成閱讀障礙學生之典型學習問題的原因是，這些
學生處理語言的能力太弱。最明顯的是，他們無法有效地處理
語言的語音部分，而這特別會導致他們在認字和拼音方面的拙
劣表現，因為這兩項技能和語音息息相關。我們必須指出，有
一般閱讀問題的學生，大部分都有語音技能太差的問題。

在學習障礙領域中，所面臨的最大困難之一，是鑑定的精
確度。任何意圖條列學習障礙症狀的清單，都很難經得起考
驗。曾經有人問過「我們能因為某個孩子表現出三種所謂的
『症狀』，就能認定這個孩子有學習障礙嗎？」無法明確地列舉
出學習障礙者的特徵，這也使得支持特定學習障礙確實存在的
論證變得薄弱。不過，在1960年代末期，有人提出「次閱讀困
難症」的觀念，使鑑定的困難得到了某種程度的解決。近年
來，有更多的研究都證實了「次閱讀困難症」的存在
（Mckinney 1988; Flynn et al. 1992）。例如，由語言、語音問題
造成的閱讀困難症、由視覺空間障礙造成的閱讀困難症、由情
緒障礙造成的閱讀困難症等，都是閱讀困難症的分項類別。

學習障礙學生的特質

除了閱讀、書寫、拼音、和算術等困難之外，近年來，針
對學習障礙學生的情況，研究者還列舉出以下的常見問題：

· 語言發展遲緩的個人歷史（以及說話的清晰度和語法等

方面的持續晚熟）；

・視知覺的問題（時常顛倒字母和數字，有些個案在閱讀
時有字體扭曲或模糊的現象）；

・聽知覺問題（包括語音認知困難，也就是有辨音、語音
與字音組合的問題）；

・知覺訊息統合太差（例如，無法連結並記憶聲音和符號
的關係）；

・很難迅速地說出熟悉物品的名稱；

・沒有明顯的左右偏用傾向（例如，手眼偏好不明、方向
感混亂）；

・輕微的神經功能失常；

・過動與／或注意力缺陷；

・排序技能薄弱（拼字時字母順序混亂）；

・運動神經不協調；

・學習動機低落；

・因學習失敗引發的續發性情緒問題。

　　研究顯示，學習障礙學生中，有語音和語言問題的人佔了
大多數（將近六到七成），遠超過有視知覺和運動神經問題的
比例（約佔一成）。有些學生這兩種問題都有，有些則沒有明
顯的這兩方面的問題。

　　要精確地診斷年幼的孩子是否有任何形態的學習障礙，是
非常困難的。我們不太可能分辨出，一個不到八歲的學生面臨
的是一般閱讀問題，或者是閱讀困難症（Badian 1996）。況
且，有些早期表現出學習困難症狀的學生，後來都學習得很
好。但這並不是建議我們坐視孩子的早期學習問題，而不採取

任何行動。我們將在下一章，清楚地說明早期補救教學的重要性。早期補救教學的利益，是各種學習困難學生都能同蒙其利的。

學習障礙學生的教學取向

我們會在後面的章節，討論教導學習障礙學生之方法的詳細內容，在這裡只需說明教導這些孩子的主要原則。

- 必須明確地教導閱讀、書寫、拼字、和算術等技能，一點都不能碰運氣。
- 必須賦與這些技能真實的意義，讓技能與學生的日常生活產生連結，使學生能夠實際應用這些技能。
- 必須更注重語音技能的發展。不過，如果學生有嚴重的聽覺問題，過多的語音教學反而會造成困擾。總括來說，語音學的訓練已是閱讀技能補救教學的必需要素。
- 必須強化學生後設認知與自我監控的能力。
- 最好提供學生特別的指導，也許可以安排一些短而密集的單獨上課時間。如果無法安排學生單獨上課，就必須在教室內給予他個別的幫助，也有些家長會在放學之後請家庭教師來教導孩子。期望學習障礙學生在沒有特別的教學幫助下得到適當的進步，是非常不實際的。如果不能給予學習障礙學生個別的教學幫助，全時間的融合就不符合這些學生的利益。
- 幾乎沒有證據證明，確認學生學習障礙類型之後，就可以輕鬆地找到合適的教學方法，這種障礙類型取向的教

學成果仍待證明。

· 宣稱能夠改善視知覺問題的各種訓練方案,在近幾年頗受質疑(Connor 1994)。事實證明,這些訓練無法提升學生在閱讀、寫字、和拼音等方面的成就水準。

· 在算術方面的學習困難,大部分的專家都建議要充分地利用視覺輔助器材,並且要清楚地示範每一個基本步驟。學生在文字理解方面若有問題,教師也應該明確地教給學生有效的解讀題意策略。

摘要

這一章,概略地論述了一般及特定學習困難學生所遭遇的問題。我們的建議是:不要把注意力完全放在所謂「學習者本身」的缺陷上,比較有效的做法是,找出其他可由教師發揮影響力的因素,例如課程內容與教學方法。我們特別強調「有效教學」與「明確教學」的重要性,並且提出在融合的課程中運用個別化教學原則的觀念。

我們的結論是:在融合教育的環境中,我們必須讓一般學習困難與特定學習障礙學生,學習到更有效的自我管理,與自我監控學習歷程的方法。

問題討論

· 要找出平時課程中具融合性的主題與活動是一大挑戰,談談你自己在融合性課堂活動這方面的經驗。

・教師有什麼方法，可以打破學生的失敗循環，並幫助學生進步？

・一般學習困難學生，與特定學習障礙學生都會有的需求是什麼？

・參照「能力不足型」所列舉之學習困難學生的特質，討論每一點所提供的教學啟發為何。

建議進一步讀物

Andrews, J. and Lupart, J. (1993) *The Inclusive Classroom: Educating Exceptional Children*, Scarborough, Ontario: Nelson.

Ashman, A. and Elkins, J. (eds) (1994) *Educating Children with Special Needs* (2nd edn), Sydney: Prentice Hall.

Bender, W. (1995) *Learning Disabilities: Characteristics, Identification and Teaching Strategies*, Boston: Allyn and Bacon.

Burden, P.R. and Byrd, D.M. (1994) *Methods for Effective Teaching*, Boston: Allyn and Bacon.

Casey, K. (1994) *Teaching Children with Special Needs*, Sydney: Social Sciences Press.

Cunningham, P.M. and Allington, R.L. (1994) *Classrooms that Work: They Can all Read and Write*, New York: Harper Collins.

Falvey, M.A. (1995) *Inclusive and Heterogeneous Schooling*, Baltimore: Brookes.

Jones, K. and Carlton, T. (eds)(1993) *Learning Difficulties in Primary Classrooms*, London: Routledge.

McCoy, K.M. (1995) *Teaching Special Learners in the General Classroom* (2nd edn), Denver: Love.

Scruggs, T.E. and Wong, B.Y. (1990) *Intervention Research in Learning Disabilities*, New York: Springer Verlag.

Young, R.M. and Savage, H.H. (1990) *How to Help Students Overcome Learning Problems and Learning Disabilities*, Danville: Interstate Publishers.

第二章

早期鑑定與早期療育

　　早期鑑定非常重要，因為孩子的學習困難需要被瞭解，而且教師必須採取能提供教育協助的行動。

　　　　　　　　　　　　　　　　　　（Brock 1995 p.22）。

　　幾乎所有具重度之肢體、感官、或智能缺陷，以及溝通障礙的孩子，在學齡前就可以辨認得出來。近年來，因為大眾開始利用「高風險群兒童通報系統」，來登錄那些甫出生，或一足歲內即有症狀之幼兒名單，鑑定程序也因此頗有進展（Bennett 1993）。經由持續地記錄「高風險兒童」的發展過程，孩子的需求可以得到及早的評估，也可以盡早進行適當的早期教育介入（Kemp 1992）。有證據顯示，學齡前的早期教育，對於孩子就學之後的學習有極大的幫助（Campbell & Ramey 1994; Wasik & Karweit 1994）。

　　至於輕度障礙或有潛在學習困難的孩子，他們的早期鑑定比較困難。相當高的個案比例，是直到入學後，遭遇了第一次的學習失敗才被發現。由於早期學習失敗的長期性衝擊，對孩子深具殺傷力，因此高風險兒童的鑑定程序需特別謹慎（Talay-Ongan 1994）。本章探討的正是早期鑑定的課題。

　　許多年來，不斷有人嘗試在學齡前兒童身上，找出可預測未來學習困難的特徵。他們使用的方法包括篩選、測驗、以及由幼教老師直接觀察。

篩選

　　有些研究者試圖尋找，可用來鑑定學齡前兒童是否隸屬「高風險群」的指標。最常見的研究設計是，利用一系列不同的工作，來評量幼稚園的孩子的表現，然後，再將評量的結果，與這些孩子往後在學校的表現，連結起來相互對照。評量結果與日後表現相互對照後，相關程度若在中等以上，即可算是較佳的預測項目。我們也可以這麼想，如果孩子在篩選測驗中，有許多項目表現不佳，那麼他的「高風險群」指數應該比較高。

　　雖然這些項目，很可能的確可以早期發現學習問題，但在檢視這些項目之前，我們必須指出，精確地預測未來的學習困難，是非常困難的。不論預測性的篩選測驗設計得多好，我們非但無法篩選出所有的高風險兒童，而且還會篩選出一些後來並沒有學習問題的兒童（Mantzicopoulos & Morrison 1994）。大部分預測性的綜合測驗，都能找出表現極好或極差的孩子，但在指認未來的輕度學習困難方面，卻相當不準確（Jansky 1987; Badian 1988）。不幸的是，除非及早發現、及早補救，否則輕度的學習困難，通常都會隨著孩子的年齡增長，而變得更加嚴重。

　　雖然早期篩選有明顯的問題，這並不表示我們應該放棄所

有早期篩選的嘗試（Talay-Ongan 1994）。相反的，我們應該結合早期篩選的評量結果，與其他可靠的訊息－包括家長與教師對孩子的觀察。這類參考資訊，能夠使高風險群兒童的鑑定更爲可靠（Mantzicopoulos & Morrison 1994）。

到了1990年代，大衆重新燃起對早期篩選的興趣。例如，英國的「國家教育研究基金會」（The National Foundation for Educational Research）即提出三個全新的篩選工具：「早期簡易篩選」（Early Years Easy Screen）、「幼童篩選測驗」（the Middle Infant Screening Test）、以及「語言認知測驗」（the LARR Test of Emergent Literacy）。在美國也有針對二到七歲兒童設計的「早期篩選評量表」（the Early Screening Profiles）。澳洲與紐西蘭也使用這些測驗。

這些篩選測驗的主要特色簡述如下：

早期簡易篩選（Clerehugh, 1991）

本測驗適用於五歲以上兒童入學後的第一學期。教師可利用此測驗，評估孩子的用筆、肢體、數字、口語、視覺、以及聽覺等技能。測驗結果提供的訊息，不僅能夠幫助教師篩選出高風險群，也能幫助教師確認補救教學內容安排的優先順序。

幼童篩選測驗（Hannavy, 1993）

本測驗可用於已經入學五個學期（term）的兒童身上。教師可利用此測驗，評估孩子的聽力技能、字母知識、字彙知識、以及書寫字彙的能力。本項測驗還爲教師與家長設計了一個接續方案，高風險群兒童回家後，可在父母的幫助下，依照「共進手冊」（Forward Together）逐步練習。此外，家長也要出

席學校的研習會來幫助他們的孩子。

語言認知測驗（Downing, Schaefer & Ayres 1993）

本測驗適用於四到五歲的兒童。教師可利用此測驗，探索孩子對書本與閱讀的觀念，並且檢查他們對某些語言的理解能力。此測驗在某種程度上與「文字概念」（Concepts about Print, by Marie Clay 1985）測驗類似。但「語言認知測驗」的優點在於，它相當簡短，並且它是為小團體設計的。

早期篩選評量表（American Guidance Service, 1991）

幼稚園教師與心理學家可使用本測驗，來評估孩子認知、語言、運動、生活自理、以及社會技能等能力的發展。此測驗同時也調查孩子的家庭環境、健康狀況、以及行為舉止。評量得到的所有訊息，可用來決定孩子的教育安置與教育需求。

準備度測驗（Readiness Testing）

在篩選測驗之前，最早評估潛在學習問題的方法是「準備度測驗」。在1930年代末到1940年代，有人設計出某種測驗，用來篩選缺乏閱讀先備技能的幼兒。此測驗引起廣泛注意，逐漸發展成「閱讀先備能力測驗」，甚至還有「學業先備能力測驗」（Ilg & Ames 1964）。這類紙筆測驗是用來協助判斷，幼稚園兒童是否具備當時認定的閱讀先備知識與技能，這些知能

包括了聽力理解、聽從指示、手眼協調、視覺辨識、聽覺辨識、混音、字母認知、以及單字認知等。如果確認某些孩子尚未準備好接受正式的閱讀教學，則延後這些教學，以避免置幼兒於失敗情境。在大部分的案例中，這些孩子會得到特別的「準備度訓練」，以加速他們學會重要的閱讀先備技能。

在1960年代末，許多人公然挑戰「準備度測驗」。他們認為，心智年齡達六歲半的孩子才能開始閱讀的觀念是錯誤的，因為許多心智年齡不到六歲的孩子已經開始閱讀（Downing 1966）。閱讀準備度似乎與動機、早期語言經驗、接觸書本的機會、和早期教學品質比較有關係，而不是孩子是否具備某些認知技能。愈來愈多人相信，發展重要技能（如視覺辨識、聽覺辨識、和字母認知）的最有效方式是，把它們當成兒童學習讀寫的一部分，讓它們隨著經驗累積而逐漸熟練，而不是把這些技能抽離出來單獨教授。

「閱讀準備度測驗」在英國或澳洲從未被廣泛利用，並在1970年代初，完全消聲匿跡，甚至連美國也沒有人使用。儘管如此，仍有人在1970與1980年代，設計出評估兒童數字技能與概念的算術準備度測驗（e.g. Weimer & Weimer 1977; Burton 1985）。

有趣的是，新近發展的篩選測驗之構成要素，確實與準備度測驗的內容非常類似。也就是，雖然準備度測驗的概念已被揚棄，但研究者對早期學習成功所需的分項技能觀念，仍然沒有改變。針對早期閱讀與算術學習的分析結果，不可或缺的基本技能包括了口語能力、視覺辨識、語音認知、字母知識、符號認知、以及手眼協調等等。

教師擔任觀察者的角色

多年來大家一致認定，幼教老師必須具備察覺幼兒遭遇學習問題的能力（Salvesen & Undheim 1994）。幼教老師在早期鑑定的過程中，確實扮演了舉足輕重的角色，他們對幼兒的觀察，在學習問題發生的預防上十分重要。幼稚園老師或一年級老師，必須注意孩子是否具備以下能力：長時間坐在課桌椅前工作、獨立完成工作、遇有挫折仍能堅持下去、長時間聆聽、口語表達、閱讀興趣、以及明顯的嘗試學習讀寫方面的努力。這些觀察，對於鑑定高風險群兒童的貢獻，與任何正式的測驗評量結果一樣重要（Manzicopoulos & Morrison 1994）。還有哪些早期學習困難的徵兆，是教師應該注意的呢？

早期高風險指標

下面所列各點，是值得觀察的幼兒表現。因為，若兒童不能掌握這些簡單技能，對往後的學習將會有重大影響。

· 握筆：孩子能否適當地握筆或畫圖用具，在紙上塗寫。
· 仿畫形狀：孩子能否仿畫圓形、正方形、三角形、和菱形。
· 用剪刀：孩子能否某種程度地運用剪刀剪紙。
· 口語表達*：孩子能否憑記憶，重述一個熟悉的故事，或是詳細描述眼前的圖畫。

- 語彙＊：孩子說話時，能否運用豐富的表達詞彙。
- 重覆句子＊：孩子能否覆誦聽到的句子，即使句子逐漸加長，孩子也可流暢地覆誦。
- 寫自己的名字：孩子能否不靠協助，寫出自己的名字。
- 聽覺辨識＊：孩子能否聽出兩個字的音之同異。
- 語音認知＊：孩子能否聽出字頭或字尾的韻。

　　　　　　孩子能否判別字首的音。

　　　　　　孩子能否把音拼合成字。

　　　　　　孩子能否把字分解成音的組合。

- 生字配對：孩子能否配對字卡上的相同文字。
- 字母認知：孩子能否認得並且唸出字母（大寫和小寫）。
- 形狀和顏色：孩子能否辨識五種不同的形狀，與五種不同的顏色。
- 生字的立即學習與回想：評估這個項目的方法是，利用生字卡教孩子兩個新的生字，幾分鐘後，立即測驗孩子能否回想。可以將這兩張字卡放在桌上，要求孩子指出你所唸的生字（認知記憶），然後再要孩子說出你所指的生字（回想）。最後將字卡收起來，並要求孩子憑記憶寫出這兩個字。

　　孩子將來學習閱讀與拼字能否成功，一個有力的預測方法是，評估孩子聽／說能力中的音韻認知能力。音韻認知包括的技能有，辨識字頭字尾押韻、把字分解成音的組合、以及將音拼成字，這些都是非常重要的閱讀先備技能。許多研究結果證實，兒童的音韻認知與早期的閱讀學習有密切的相關。我們將在後面的章節充分討論這個議題。

　　音韻認知的篩選測驗程序，不需要太長或太複雜。例如，評估孩子的押韻能力，就能預測他閱讀與拼音的學習狀況

（Bradley 1990）。有人研究發現，幼稚園兒童辨識字首發音與快速認讀字母的能力，可以用來預測他們將來的閱讀能力（Felton 1992）。

注：五個加了星號的項目均屬於聽／說語言的範圍，因此更加強了語言發展對閱讀學習的重要性。有研究指出，學齡前兒童因社會經濟地位不同而產生的語言差異，能夠有力地預測孩子將來的口語能力與學校成就（Walker et al. 1994）。

其餘的高風險指標

有些研究（e.g. Silver 1978; Badian 1988; Talay-Ongan 1994）指出，下列的一般因素也能預測未來的學習困難。不過，我們必須強調一點，有些具有這些問題的孩子在學校非但沒有適應問題，也不會遭遇學習困難。

· 說話發展遲緩；
· 智力在中等以下；
· 注意力集中的時間有限；
· 注意力分散；
· 挫折容忍度低；
· 過動；
· 難產；
· 出生時體重過輕；
· 有學習困難的家族史。

實作演練：教師擔任觀察者角色的練習

步驟一：

- 參照「早期高風險指標」的內容，設計一份在教室中使用的觀察表格。

步驟二：

- 依照這張觀察表格的項目，來觀察兩個幼稚園或一年級的學童，其中一個必須是教師認為「優秀的」，另一個則可能是「高風險群」。

步驟三：

- 你的觀察記錄，能顯現出兩個孩子間的差異嗎？

步驟四：

- 表現優秀的孩子身上，有無出現所謂的「高風險群」指標？

步驟五：

- 你的結論是什麼？

早期療育

　　眾所周知，早期失敗對兒童的自尊心、信心、學習動機、以及在校的整體發展深具殺傷力（Stanovich 1986; Beck & Juel 1992; Kameenui 1993）。另一個不爭的事實是，成功的補救教學必須及早實施（Pikulski 1994; Wasik & Slavin 1993）。當我們評估出，某些孩子可能是早期學習失敗的高風險群時，我們能

做什麼？

　　近幾年的研究，發現了更多的成功補救教學之必備條件。以下是有效的早期補救教學的重要特徵：

- 正經歷學習困難的兒童，必須得到教師與家長更多的幫助和指導：必須經常做有效、成功的練習。每天教學比一週兩次更有效益。
- 補救教學必須具備更高的品質與強度，而不是「更多一樣的內容」。
- 除了嘗試改進基本學業技能，早期補救教學也必須注重改正負面的行為，例如，注意力分散、不專心、逃避課業等。
- 高風險群兒童必須得到至少部分時間的單獨指導，然後逐步加入小組、全班的學習活動。
- 即使個別與小組學習效果顯著，教師仍須適度調整普通班的教學方案，好讓高風險群兒童在普通班中，也能得到較大程度的成功。若普通班教學方案未能做適度調整，則當學童不再得到協助，通常會導致之前的學習成效化為烏有。
- 在閱讀的補救教學方面，必須謹慎地選擇教材以確保高成功率。內容重覆且可預測的閱讀文本，在早期階段特別有幫助，而重覆地閱讀相同的文本，通常可以增強流利度與信心。必須提供學童能夠在家中自行閱讀的書。
- 在閱讀的補救教學方面，必須提供音韻認知、字母認知、和拼音解碼等訓練。
- 必須明確地教給學生認字、拼音、書寫、從文本中整理

大意等所需的知識、技能、以及策略。

- 在早期補救教學上，書寫訓練和閱讀訓練一樣重要。字型概念可經由書寫習得，而音韻知識可經由幫助兒童練習拼音而擴展。

- 利用其他的助力（輔助器材、義工、同儕、父母等）可以得到很好的效果，但是這些人需要學習正確的協助方法。本書作者發現，時常有父母使用錯誤百出且令孩子感到沮喪的教材，而且父母通常都對孩子的表現太過挑剔，缺乏鼓勵與支持的態度。

- 如果父母或其他成人，能夠提供孩子上課時間之外的額外支持與練習，孩子將會得到最大的進步。

　　成功的補救教學教法，依賴的正是我們熟悉的「有效教學」。有效教學包括：

- 創造一個友善、支持的學習環境；
- 用簡單的步驟呈現學習內容；
- 選擇適當程度的教材；
- 直接教給學生課業學習策略；
- 由教師或其他成人做清楚的示範；
- 提供指示性的練習，並且給予回饋；
- 有效地運用時間；
- 密切監看孩子的進展；
- 必要時重覆教導某些技能；
- 提供成功的獨立練習與應用的機會；
- 時常修正先前教過的知識和技能。

　　所有的研究都顯示，某些閱讀補救教學方案，如「恢復閱讀」（Reading Recovery）、「早期閱讀補救教學」（Early intervention in reading）、「全贏方案」（Success for all）等，確實在防止閱讀失敗上發揮了非常有效的功能（Pikulski 1994; Shanahan & Barr 1995; Slavin 1996）。舉例來說，有報告指出採用「恢復閱讀」方案的學童中，只有百分之一的孩子未能得到重大進步，且在入學後還需要更進一步的協助（Clay 1990）。「全贏方案」在美國施行的成果則是，必須重讀一年級的學童人數減少了，需要特殊教育服務的學童人數也減少了（Wasik & Slavin 1993）。然而有些人質疑，一旦孩子不再得到相同的協助與支持，其成效能否維持下去（Chapman & Tunmer 1991; Wheldall, Center & Freeman 1993）。當然，孩子從早期補救教學方案轉回到普通班時，我們必須確定，這些孩子面對的仍然是高品質的閱讀指導與程度適當的閱讀教材。此外，繼續監看這些孩子的進展，適時提供支持與協助，也是非常重要的。

　　要預防孩子入學後的閱讀問題，有證據顯示，在幼兒學齡前就開始教他們閱讀，具有長久持續的效益。有研究指出，在幼稚園學習閱讀所得的益處，在這些學生上了高中之後仍然非常明顯（Hanson & Farrell 1995）。然而，不幸的是，幼兒教育的主流哲學，通常都反對在學齡前給予孩子正式的教學。

摘要

　　在本章中，我們探討了幾項確認孩子有潛在學習問題的方法。其中我們特別強調，篩選測驗與教師擔任觀察者角色的重

要性。我們也指出，某些篩選測驗的內容，與更早以前的準備度測驗非常類似。綜合各種資料所得的「高風險群」指標，對幼教老師可能會很有幫助。最後，我們提到了有效的早期補救教學之關鍵要素，其中，特別提到了早期閱讀技能的發展。

問題討論

· 精確地記錄學生狀況，是教師工作中非常重要的一部分。請你討論，記錄學生狀況對於學習困難的早期鑑定有什麼價值？
· 若想在學校施行有效的早期補救教學，會遭遇什麼問題？
· 孩子由補救教學方案轉回普通班後，若希望他們維持學習成效，普通班的閱讀教學適必要做適度調整。討論普通班教學可能需要做的改變或調整。

建議進一步讀物

Bagnato, S.J. and Neisworth, J.T. (1991) *Assessment for Early Intervention*, New York: Guilford Press.

Hiebert, E.H. and Taylor, B.M. (1994) *Getting Reading Right from the Start*, Boston: Allyn and Bacon.

Masland, R.L. and Masland, D. (eds) (1988) *Preschool Prevention of Reading Failure*, Parkton: York Press.

Slavin, R.E., Karweit, N.L. and Wasik, B.A. (1994) *Preventing Early School Failure*, Boston: Allyn and Bacon.

Trethowan, V., Harvey, D. and Fraser, C. (1996) 'Reading Recovery: comparison between its efficacy and normal classroom instruction', *Australian Journal of Language and Literacy* 19, 1: 29–37.

Watson, A. and Badenhop, A. (eds) (1992) *Prevention of Reading Failure*, Sydney: Ashton Scholastic.

第三章

幫助孩子發展自我管理技能

教導孩子自我管理技能，好讓他們能夠愈來愈獨立、
自主地計畫並實踐學習經驗，這和教導他們閱讀一樣重要
（Wang 1981 p.201）

本章所謂的「自我管理」，指的是孩子在學習環境中的獨
立運作能力（Vincent 1995）。教室中的「自我管理」包括：知
道如何整理自己的東西、知道工作完成之後該做些什麼、知道
如何與何時向教師或同學求助、如何檢查自己作業上的疏漏、
如何保持注意力、能留意教室中的例行工作，如訂便當、上課
該準備的東西、什麼時候該換教室等等。孩子應該從小就開
始，承擔在他們能力範圍之內的自我管理責任（Good &
Brophy 1994）。

依據教師的管理風格、例行工作、和期望，每個班級要求
的自我管理技能會有些許不同。例如，在某些班級，被動聽
講、做筆記、以及認真上課等行為，會得到獎勵；而在某些班
級，主動學習、分組工作、和其他孩子合作等技能，才是學習
成功的必備條件。非正式的學習環境所要求的自我管理技能，
通常與正式的或組織嚴謹的學習環境所要求的不同。知道如何

回應不同環境的要求與限制，是自我管理非常重要的一部分。

　　證據顯示，教師創造的教室學習環境型態，與使用的教學方法，都顯著地影響著孩子自我管理與獨立能力的發展。教學方法與學習環境，決定了孩子如何有效地利用學習時間，來增進自己的獨立（Wang & Zollers 1990）。有些老師對待有特殊需求學生的方式，助長的似乎是他們的依賴性而非獨立性。例如，教師為了預防可能發生的學習困難和失敗，而提供過多的幫助和指導。他們為這些孩子設計的個別學習方案非但不具挑戰性，也不要求孩子主動參與學習。若想將特殊需求的學生融合於普通班，太多的這類教學型態絕對不可行。不僅因為這種方式無法培養孩子的獨立性，也因為這種方式可能導致這些孩子與主流課程及同學之間的距離愈來愈遠。

自我管理是融合的關鍵

　　自我管理技能為什麼重要？本書為什麼將其安排在前面的章節？原因很簡單：讓學習困難或學習障礙學生擁有自我管理技能，似乎是這些學生成功地融合進普通班的最重要因素之一（Choate 1993; Salend 1994）。有特殊需求的學生，不論是安置在特殊班或普通班，教師都必須幫助他們發展足夠的獨立能力，以應付各種學習的需求。

　　自我管理與「適應行為」有密切的相關性，也與心理學家所謂的「自我效能」有許多共通之處（Pressley & McCormick 1995）。

適應行為之概念

巴特勒（Butler 1990 p.707）為「適應行為」所下的定義為：「個人經由成長、學習、與社會適應，以足夠的獨立性與分擔責任的能力，來適應環境的技能」。

「適應行為」至少包含以下三種涵義：

- 適合年齡之自助技能的習得；
- 適合各種不同社會環境之行為模式的發展；
- 直接從個人經驗學習或受益的能力。

個人在各種情境下的行為是否適當，其評估準則在於：其行為是否合乎個人與社會責任的標準，以及個人的自我掌控能力是否合乎其社會環境的期望（Baroff 1991）。

有些學生，例如有智能障礙、情緒異常的孩子，常常表現出不良的適應行為（Thurman & Widerstorm 1990）。事實上，適應行為障礙與智力中下這兩個因素，至今仍是判斷智能障礙的標準（Grossman 1983）。有人認為，智能障礙學生因為無法發展出足夠的適應行為技能，不但影響了他們的自我評價，並且嚴重地限制他們的學業表現與社會關係。對於這些學生的療育，最主要的目標之一就是，藉由改進他們的自我管理技能，來加強他們的獨立自主能力。由於輕度學習障礙學生也常有自我管理的效率問題，所以他們也需要協助，以便達到獨立學習的目標（Weinstein 1989; Cole & Chan 1990）。

自我管理是可以教導的

事實證明，有計劃地訓練學生的自我管理技能，可以有效地提升學生的獨立能力（Hughes, Korinek & Gorman 1991; Lovitt 1991; Knight 1994）。要如何教導自我管理技能呢？首先，教師必須相信：教導學生自我管理是重要且可能成功的。其次，教師必須精確地思考：學生需要哪些技能或行為，以達到獨立運作的目的。

我們來探討一個在普通班裡，教導學生自我管理技能的簡單例子。當然，教師使用的語言、給予的指示、以及班級的常規，都必須視班級學生的年齡和能力而定。

教導學生在工作完成之後做些什麼

教師必須適時喚起學生的注意力，例如要求某些學生回答問題，尤其是缺乏自我管理能力與主動學習精神的學生。以下是教師在課堂上，使用指導語的範例：

「我們來確定一下，是不是大家都知道工作完成之後要做些什麼。寫完數學作業（或作文）的同學，還不需要立刻交給我檢查。這時你要做什麼呢？首先，你要仔細地檢查自己的作業。」

在黑板上寫：「仔細檢查自己的作業」。

「我們為什麼要檢查作業，艾倫?」

「很好！檢查我們是不是寫上了標題、日期、和姓名。我把這個寫下來。」

寫下：「檢查標題、日期、和姓名」。（可以讓全班一起大聲唸。）

「很好。有沒有其他的原因，凱倫?」

「對，檢查看看有沒有粗心犯錯。」

寫下：「訂正錯誤」。

「檢查完以後，你可以交出作業，放在老師桌上的盒子裡。接下來，我要在黑板上寫……」

寫下：「放在老師的置物盒」。

「很好。」

「交完作業的同學，回到座位後可以做這些事情……」

寫下：「寫下一題（或完成上一堂課的未完作業）（或找一本書安靜地閱讀）（或拿一張填空練習）（或到電腦區去）」。

複習：「我們一起把規則唸一遍，然後我們就要開始上寫字課了。寫完作業後，請你按照黑板上的規則做，不要讓老師再提醒。莎莉，請你出來帶我們一起唸這些規則。」

　　當某個孩子寫完作業，卻沒有按照規定做，老師必須要求他遵守先前建立的常規。

　　曾有人設計了一套教導特殊兒童自我管理技能的方法，這套方法包含六個步驟：

- 說明：討論為什麼某項行為或技能是重要的；
- 確認：幫助孩子確認此種行為模式；
- 示範：由教師或同學示範此行為或技能；
- 分辨：教導孩子分辨適當與不適當的行為；
- 角色扮演：讓孩子練習此行為模式，教師給予改正回饋；
- 評量：定期查驗，以確定孩子已經學會，並且保持著此行為或技能。

　　教導學生在教室內適當地自我管理，與班級常規的建立密切相關，我們將在後面的章節做進一步的討論。

　　在某些情況下，教師可以運用成長圖表或其他公開表揚的方式，來獎勵那些做到教師所要求的自我管理技能的學生。在某項常規剛建立的時候，要常常獎勵學生，但是對於那些缺乏主動精神的孩子，即使在數週之後才達到要求，也不要忘了獎勵他們。

　　我們必須建立一個重要的觀念，那就是避免提醒學生該做什麼。記住，當我們不斷地提醒孩子該做些什麼的時候，就是在培養孩子的依賴心。在一開始，我們也許需要比較常提醒有特殊需求的學生，並且比較常獎勵他們的表現，但是，我們的長期目標是：幫助這些孩子獨立運作學習。當他們能夠獨立運作學習，就表示他們已經和班上其他孩子更近似，而這正是融

合的目的。

實作演練：班級的自我管理

步驟一：

· 考慮你自己的班級背景（幼稚園、小學、或中學），以及你所教的科目。列出學生在班上獨立作業所需的知識與技能，在作答前，你可以參考本章第一段提供的例子。

步驟二：

· 在技能清單中選出兩項，並寫下在教導這兩項技能時，可能使用的步驟和程序。

制握信念

　　孩子的自我管理和主動學習精神，與心理學的「制握信念」概念（locus of control）密切相關。要解釋「制握信念」，我們必須先瞭解，每個人都會把發生在自己身上的事歸因於內在因素（例如，自己的努力或行為）或是外在因素（例如，運氣或其他不在自己控制中的事物）。內控型的孩子認為：自己能夠以行動來影響事情的結果。他們相信：自己能夠某種程度地掌握自己的命運。因此，在學習方面，他們相信：只要努力就會得到更好的成績。知道自己的命運清楚地由自己掌握，這也與「自我效能」的概念有關（Pressley & McCormick 1995）。

　　如果孩子能夠從自己的努力和反應中，得到正常的滿足和

增強，那麼自我效能的技能與制握信念的內化（也就是責任感
與獨立性的發展），通常會隨著孩子的年齡快速進展。然而研
究發現，許多遭遇學習困難和負面學校經驗的孩子，他們明顯
地偏向外控型的信念，他們覺得自己的努力一點也不能改變學
習的成效（Cole 1995）。一個全然外控型的孩子，在面對任何
新的學習時，都會立刻預期失敗的發生，並且認定自己沒有能
力改變這個結果（Schunk 1989; McLeod 1992）。

　　外控傾向的孩子，很可能就是班級中那些無法做到正常的
自我管理，並且準備讓「有力的他人」，如教師、父母、較有
信心的同儕等，來管理或控制自己的學生。對自己沒有信心的
孩子需要支持和鼓勵，但是過度的支持和協助，卻會造成這樣
的孩子更加依賴他人。教師必須打破這種惡性循環，想辦法讓
他們體認到自己也有某種程度的控制力，與對結果的影響力。
教師想幫助、支持有特殊需求的孩子是很自然的，但是不能讓
這樣的孩子，完全避開學習的挑戰和失敗的可能。教師必須幫
助這些孩子，瞭解他們的努力和成果之間的因果關係，讓他們
學習承擔責任。當孩子真的體認到努力和堅持能夠克服失敗
時，他們的制握信念就會漸漸內化（Lovitt 1991）。

增強內在制握信念的策略

　　許多研究顯示，一個井然有序、明確而可預期的教學型態
和學習環境，對外控傾向的孩子最爲有利，尤其是在基本學業
技能方面的學習。而對於內控型的學生，開放式、以學生爲中
心的教學最適合他們（Bendell, Tollefson & Fine 1980）。然而，
教師必須認清幫助外控型孩子發展內在制握信念的重要性。這

項發展必須循序漸進，因此，驟然將外控型的孩子安排在一個非常開放、以學生為中心的教學環境中，很可能只會增加他們的失敗機會，而發展出更深的無力感。雖然，明確且直接的教學，對於增強學生的內在制握信念沒有太大的幫助，但在這些學生有足夠的獨立能力應付開放的學習環境之前，這樣的教學方式是必要的。有研究證明，若要讓有行為問題的學生成功地融合進普通班中，明確而直接的教學為不可或缺的要素（Conway 1990）。

曾有一項教學實驗，讓七到八歲的學童按照課表，並利用教室內的有限資源，為自己計劃學習內容和進度。這項實驗的結論是：自訂時程表的做法，非常有助於幫助孩子發展承擔責任的能力，同時也讓孩子對於學習的成功與否，及自己必須承擔的責任有更深的體認。換言之，學生自我主導的學習方法，能夠增強孩子的自我管理技能以及內在制握信念。

教師可以運用什麼策略，來增強學生的內在制握信念？下列幾點也許可以提供一些想法。

- 教師可利用「合約」，和學生約定在某一段時間內必須完成哪些課業。但是如何著手、如何分配時間、何時尋求幫助等問題則交由學生自己決定。
- 利用自學教材（例如，規劃妥善的成套教材或電腦光碟），也可以幫助孩子體認到個人努力對於學習成效的影響。
- 當學生遭遇挫折，教師必須讓他們知道，只要他們再多付出一點努力，或者適時尋求幫助，就可以成功地完成工作。學生必須學會如何嘗試，而不是學會放棄。

- 只給正確答案的教師（也就是只告訴學生答案的對錯，而沒有給予進一步的回饋或練習），只會加深孩子自己缺乏能力的感覺。教師必須盡量給予回饋，並且給予機會，讓孩子證明自己能夠解出與先前犯錯的問題相似的題目。教師必須記得，太多只管答案對錯的考試，只會強化學生的外控性。

- 在某些時候，若非處罰孩子不可，必須在孩子的不當行為之後立刻執行，並且讓孩子完全瞭解自己被處罰的原因。脫離了犯錯當下時空背景的處罰，可能會加重孩子被外界操控的無力感。教師還必須給予孩子機會，讓他在類似情境中做出適當行為，並且因此得到讚美。

- 教師必須把握每一個機會，讚美因努力而進步的學生，也必須避免讚美不勞而獲的成就。

- 在課堂上問能力較差的學生問題時，請多等一會兒。教師常常在能力較差的學生沒有立刻回答問題時，就轉向其他學生尋求答案。他們這麼做，也許是為了避免能力差的學生感到尷尬，但這種作法，卻反而會讓這些孩子產生挫敗與無力感。一段時間之後，這些孩子就會完全放棄回答問題了。研究顯示，如果教師能夠多等幾秒鐘，這些學生會說出可以接受且值得稱許的答案（Rowe 1986）。

讚美

　　教師的讚美是值得關注的議題，雖然已經有許多人進行研究，但其整體的效果仍然難以確定。由於每個孩子個性不同，

讚美的效果也會有所不同。目前，研究結果得到的結論是：讚
美對於能力低下、焦慮、依賴性強的學生，似乎非常重要，但
前提是，教師的讚美必須名符其實。孩子應該要知道他被讚美
的原因，這樣他才能在努力和成果間，建立具體的連結。孩子
能夠很快地辨別出讚美的真偽，多餘或不必要的讚美一點用處
也沒有，而具體的讚美卻有顯著的效益：

> 「做得好極了，莉安。我真的很喜歡你寫的這些字，
> 看起來好整齊。」
>
> 「很好，大偉!你今天畫的線真的很直，因為你的尺
> 固定得很好。」
>
> 「我很高興你問我這個問題，莎拉，這表示你真的很
> 仔細聽故事。」

　　曾經有研究者觀察三年級學生，發現高成就學生遠比能力
較差的學生得到更多的讚美。他們同時觀察到，所有的孩子得
到的批評、警告次數遠比讚美多。這也就是說，教師的態度非
難多於讚許，而由此創造出來的負面教室氣氛，對於孩子的學
習或自導絲毫沒有幫助。

歸因再訓練

　　我們必須清楚地體認，外控信念對於學生學習動機的負面
衝擊。預期學習終將失敗的孩子，比較可能發展出放棄學習的
逃避策略，而不是堅持下去。「歸因再訓練」（Dohrn & Tanis
1994; Cole 1995），是一種教導學生謹慎地評量自身努力所得成
果的方法。依照這個方法，他們必須大聲地說出自己的結論。

「我做得很好，因爲我充分地利用時間把題目看兩遍」、「我仔細地聽，並且問自己問題」、或者「我答錯了，是因爲我沒有查看書裡的例子，現在我會做了，很簡單!」

讓學生大聲地說出自己失敗或成功的原因，主要目的在於改變他們對原因的認知。這種作法可幫助孩子，將注意力集中在努力與成果間的眞實相關上。

若與明確、有效的教學結合，歸因再訓練能夠發揮其最大價值。我們將在下一章，討論如何做有效的策略訓練。

評量制握信念

雖然已研發出各種評量孩子制握信念的問卷，但是教師很容易僅賴觀察，就發現明顯外控型的孩子。教師必須注意這些孩子，想辦法改善他們的狀況。

有研究指出，若要智能障礙兒童融合在普通班裡，這些孩子的內在制握信念不得低於一般孩子的平均標準。判斷孩子的內在制握信念是否在平均之上也許容易失之主觀，但制握信念是必須列入考量的學習者特質之一。只要想將有障礙的孩子安置在普通班裡，我們就必須注意孩子這方面的問題（Rogers & Saklofske 1985; Salend 1994）。

摘要

本章強調教導所有的孩子自我管理的重要性，自我管理技能對障礙兒童來說尤其重要，因爲這是他們要成功地融合在普

通班裡的關鍵要素。

　　幫助孩子發展自我管理技能，往往也要幫助他們發展內在制握信念，讓他們認知自己的行為如何影響學習成功或失敗。我們在文章中討論了增強孩子內在制握信念的技巧。

　　本章內容適用任何障礙類型、任何能力層次的孩子。不僅視覺障礙學生需要特別的自我管理技能，聽覺障礙的學生也同樣需要。評估每個孩子的自我管理能力，我們才能適當地幫助特殊兒童融合進普通班。

　　在下一章中，我們將由自我管理，延伸到學習過程中更重要的自我調整。

問題討論

　　傑生今年十二歲，經評估為中度智能障礙，他大部分時間都待在特殊學校。但每星期有兩個早上，他會到社區的普通學校去上課，學校會提供教師協助。這麼做是因為再過一段時間，傑生就要回歸主流融合入普通學校。

　　目前，傑生面臨了適應困難，他無法達成普通學校的要求。他是一個友善的孩子，沒有情緒或行為問題。他的家庭對他全力支持。

　　想一想，你會採取哪些行動，好讓傑生有最大的機會，成功地完全融合進普通學校。

建議進一步讀物

Cohen, S. and de Bettencourt, L. (1983) 'Teaching children to be independent learners', *Focus on Exceptional Children* 16, 3: 1–12.

Fisher, J.B., Schumaker, J.B. and Deshler, D.D. (1995) 'Searching for validated inclusive practices: a review of the literature', *Focus on Exceptional Children* 28, 4: 1–20.

Flores, D.M., Schloss, P.J. and Alper, S. (1995) 'The use of a daily calendar to increase responsibilities fulfilled by secondary students with special needs', *Remedial and Special Education* 16, 1: 38–43.

Hughes, C.A., Korinek, L. and Gorman, J. (1991) 'Self-management for students with mental retardation in public school settings', *Education and Training in Mental Retardation* 26, 3: 271–91.

Kern, L., Dunlap, G., Childs, K. and Clarke, S. (1994) 'Use of a classwide self-management program to improve the behavior of students with emotional and behavioral disorders', *Education and Treatment of Children* 17, 3: 445–58.

Lambert, N., Nihira, K. and Leland, H. (1993) *Adaptive Behaviour Scales* (School edition), Camberwell: ACER.

Licht, B.G., Kistner, J.A., Ozkaragoz, T., Shapiro, S. and Clausen, L. (1985) 'Causal attributes of learning disabled children', *Journal of Educational Psychology* 77, 2: 208–16.

Mangello, R.E. (1994) 'Time management instruction for older students with learning disabilities', *Teaching Exceptional Children* 26, 2: 60–2.

Notari-Syverson, A., Cole, K., Osborn, J. and Sherwood, D. (1996) 'What is this? What did we just do? How did you do that?: teaching cognitive and social strategies to young children with disabilities in integrated settings', *Teaching Exceptional Children* 28, 2: 12–16.

Nowicki, S. and Strickland, B.R. (1973) 'A locus of control scale for children', *Journal of Consulting and Clinical Psychology* 40, 1: 148–54.

Wang, M.C. (1992) *Adaptive Education Strategies*, Baltimore: Brookes.

Zeitlin, S. and Williamson, G.G. (1994) *Coping in Young Children: Early Intervention Practices to Enhance Adaptive Behaviour*, Baltimore: Brookes.

第四章

學習的自我調控發展

　　幫助學生成為能自我調控的學習者，也就是，讓他們
不僅知道如何學習，也知道如何有效地利用學習得到的知
識。

（Fisher, Schumaker & Deshler 1995）

　　我們在第三章中，討論了孩子自我管理的發展。自我管理
指的是，孩子在任何學習環境中獨立運作的能力。本章進一步
把重心放在學生的自我調控能力，特別強調學生的學習行為、
學習習慣、自我控制、以及主動精神。經過調控的自我管理，
更能幫助學生成為獨立的學習者（Bowd 1990）。

學習的自我調控

　　本章將自我管理技能的範圍，延伸至學習者在學習中調整
自己思考過程的能力。這樣的自我調控，須由學習者扮演主動
的角色，密切地監看自己在學習過程中的行動與決定，所造成
的影響。也就是說，學習者必須有整理自己思緒的能力，進而

採取必要的認知策略進行學習。

有學習問題的學生主要的特徵之一是「被動」。他們對於自己的能力缺乏信心，覺得自己的努力改變不了學習成果。任何療育方案，都必須著重在教導學生如何學習、以及如何自我調控與自我監控。

教師也許會問：「我們能夠教導學生如何學習嗎？我們能夠教導學習困難學生有效的學習策略嗎？」這些問題可以在「自我調控學習」、「後設認知訓練」、「認知行為改變」等研究中找到肯定的答案。

後設認知教學

「後設認知」最好的解釋是：對自己思考過程的瞭解與掌控。這指的是個人在面對問題或新的學習時，監看和調整自己思考過程的能力（Ashman & Conway1989）。後設認知有兩個構成要素：對有效地執行某項工作所需技能的認知（也就是運用適當策略的知覺）、以及運用自我調控（也就是計劃行動步驟、評估行動效能、檢視行動進展）確保工作順利完成和克服困難的能力（Cornoldi 1990）。

一般認為，後設認知能夠幫助學習者瞭解自己的學習狀況。若能時時監看自己的表現，學習者就會察覺自己的需求，知道自己需要暫停一下，或是放慢腳步，或是尋求幫助。由此來看，後設認知策略即為傳統所謂獨立學習技能的基本要素。然而，後設認知也關係到課堂表現的其他許多層面，而有意識地運用自我監看策略，能夠使學習更有效率。「後設認知策

略，即爲我們用來引導自己學習的計劃，包括設定目標、條列所需資源、規劃一系列的行動步驟、以及使用適當的成就評斷標準。」（Bowd 1990 p.41）

　　許多人有相同的看法，那就是學生呈現出來的多數學習問題，都與後設認知策略有關。也就是說，他們在面對學習時缺乏利用有效策略的能力，也沒有能力適當地監看或調整自己的反應。無疑地，有些學生不需要幫助，就可以發展出他們自己的有效學習策略，但是有些學生不行。研究者觀察到，教師很少在課堂上明確地教導學生認知策略，而這只會增加學生的學習問題。教師必須提供清楚的示範，教導學生利用最適當的策略，好讓學習失敗的機率降到最低，而使學習成功的機率達到最高。會說「我是這麼做的，我在做的時候會問自己這些問題。現在你們注意看、注意聽」的教師，提供給學習者的是一個很好的起點，而只說「看看你們能不能發現什麼……」的教師，通常帶給學生的只是失敗和挫折。我們以教導幼兒早期寫字技能爲例，教師在教導幼兒寫字的時候，總會做清楚的示範、口頭的提醒、改正的回饋，並且要求學生注意自己的表現。幾乎沒有教師會要求初學寫字的孩子，自行摸索有效的寫字方法。教師在教孩子數學、閱讀、拼字等技能的時候，也應該給予像這樣明確、直接的指導。

　　我們必須指明，後設認知教學有別於認知教學。所謂的認知教學，指的是教給學生某項學業所需的特定步驟和技能，例如，除法的運算規則，也就是說認知教學是要教給學生「學業技能」。後設認知教學，則是要教給學生適當地運用學業技能的技能，例如，學生學會除法運算之後，還必須學會判斷何時運用哪些規則。大部分的教師，都把重點放在認知教學上，這

對於培養學生獨立學習雖是必需，卻不足夠。教師必須投入時間和心力，鼓勵學生思考自己面對學習時的反應和想法，教導學生如何「自我詢問」和「自我檢核」。

根據許多專家的研究結果，使用後設認知技能可以讓學生更輕鬆地完成學習任務，經由後設認知策略訓練，學生的閱讀、算術等學業技能可以得到充分改善。我們必須教給學生策略性的學習方法，並且給予他們充分練習這些策略的機會。

我們將舉「PQRS策略」為例，說明我們可以如何教導學生，採取循序漸進的策略性步驟。

PQRS閱讀策略

P = Preview 預覽 瀏覽文章的標題、副標題、圖示、和插圖，獲取文章內容的大略印象。問自己：「我已經知道些什麼？」

Q = Question 提問 問自己一些問題，「我想知道什麼？」、「文章裡會告訴我怎麼做嗎？」、「我需要仔細地閱讀這個部分嗎？或者可以略過？」。

R = Read 閱讀 閱讀文章內容以得到訊息，問自己「我的問題得到答案了嗎？」、「我還學到什麼？」、「我看懂了嗎？」、「我需要再閱讀一次嗎？」、「那個字是什麼意思？」。

S = Summarize 概述 用自己的話，簡短地重述文章內容，問自己「這篇文章的主旨是什麼？」、「我的敘述聽起來對不對？」、「我需要再增加什麼嗎？」、「聽我敘述的人會有什麼反應？」。

教師為學生示範如何應用「PQRS策略」，示範給學生看如

何抓取文章中的重點、如何檢查自己的理解程度、如何瀏覽以
獲得文章中的提示。這樣的示範，可以幫助學生內化某些策略
和自我提問的技能。教師在做了示範之後，必須幫助學生應用
相同的方法，並且給予改正回饋。教導此類策略最好的方法，
是藉由教師與學生一起討論文章而產生對話，同學分組討論也
可以促進彼此的學習。這種以對話達到教學目的的方法，也稱
為「交互教學」。對話讓學生和教師分享彼此對學習過程的思
考，並且學習到其他人的成功策略。對話同時提供教師評估學
生的理解程度，以及學生運用某些策略的能力。

實作演練：理解策略

步驟一：

· 再看一次前面所提的PQRS策略。

步驟二：

· 哪些問題屬於後設認知的範圍？

步驟三：

· 請你再提出一些屬於後設認知的問題。

　　一成不變地應用某種策略可能會造成問題，教師必須體認
這個事實，計畫性地提供不同的情境，好讓學生學會靈活運用
此一策略，而不是假定學生自己會知道該怎麼做。有人建議，
教師必須確定他所教的策略是課堂上確實需要的，以便學生能
夠立即應用，除此之外，還必須在短期內提供學生反覆練習此
一策略的機會，並且和學生充分地討論在不同情境下，如何有

效地利用此策略。

　　綜合許多研究，我們可以得到以下嘗試性的結論：

・後設認知在本質上是會發展的。孩子隨著年齡增長，在
　自己的學習上會扮演更主動積極的角色。循著正常模式
　成長的孩子，會發展出自己的學習策略，並且學會監看
　自己的努力對學習成效的影響。
・後設認知訓練，可以幫助有學習問題的學生，在教師提
　供的學習環境中發展出適當的策略。
・後設認知訓練的效果通常只限於單一事件，尤其對能力
　低下的學生來說更是如此。教師必須提供機會，讓學生
　將此訓練應用在不同的學習工作上。
・認知訓練和後設認知訓練，在改進學生的算術、閱讀理
　解、拼字等方面的表現非常有效。

實作演練：設計策略

步驟一：
・先釐清，當學生必須依照一個簡單科學實驗，寫出簡潔
　確實的報告時，需要什麼策略。
步驟二：
・依據後設認知的「自我詢問」和「自我檢核」，寫下學生
　撰寫報告時可能需要自我詢問的問題。

認知行為改變

認知行為改變，或所謂言語的自我教導，與後設認知訓練密切相關（Polloway & Patton 1993）。認知行為改變是應用一套設計好的步驟，讓學生藉由「對自己說話」的方法，引導個人的思考和行為，以使學生在學習過程中能有更好的自我控制。學生會學到一套「行動計劃」，學到如何對自己說話，以掌控自己的表現和學習成果。由於「內在語言」對於認知與後設認知的發展都非常重要，因此認知行為改變要教導學習者，利用語言來控制他們自己的反應。

認知行為改變：基本原則

認知行為改變的訓練步驟通常如下：

示 範　　教師以「自問自答」示範認知行為修正的過程，示範的內容必須包括提出問題、給予指示、做出決定、和評估結果。

公開的外在引導　　由教師提供語言的引導，讓學生模仿教師所做的示範。

公開的自我引導　　由學習者模仿教師所用的語言，引導自己重覆一次過程。

漸隱的自我引導　　學習者輕聲地引導自己重覆一次過程。

隱蔽的自我引導　　學習者用內在語言引導自己。

學生可能使用到的典型自我引導語言包括：我必須做什麼？我該從什麼地方開始？這一點我要仔細地想一想。我必須

一次只看一個問題。不要急。這樣很好。我知道這個答案是對的。我需要回過頭來檢查這個部分。這樣對嗎？我想我這裡弄錯了，不過我可以回過頭來再做一次。我會改正這個錯誤。

　　這些自我引導的語言包含了問題界定、集中注意力、計畫、檢查、自我增強、自我讚許、發現錯誤、以及自我改正。這些語言廣泛地適用於許多學業技能的學習上。有時在課堂進行中，我們可以讓學生寫下每個步驟的關鍵字，放在桌上以做為提示。

　　這類自我引導技能的訓練，對於輕微智能障礙學生特別有幫助，可以明顯改善他們的自我管理技能（Conway & Gow 1990）。我們將在下一章，討論認知行為改變如何應用在習慣性行為異常的案例上。

實作演練：原則的應用

- 建構學生在仿製書本圖表時，可能會用到的一組自我引導語言。
- 設計學生在閱讀必須摘錄大意的小說章節時，可能用到的一組自我引導語言。
- 我們如何利用認知行為改變，來讓一個衝動型的學生慢下速度？

摘要

　　我們通常視學習困難學生為被動的、沒有效能的、沒有能力的、而且沒有成功的動機。在本章中，我們討論了藉由讓學生在自己的學習過程中，扮演更積極主動的角色，以改變這樣的情況。研究顯示，學生可經由教導而成為自我調控的學習者，他們可以學會更有效地掌控自己的反應。

　　教師必須清楚地示範有效的學習或解決問題的方法，並且幫助學生內化這些學習策略，提供豐富的練習機會。我們的目標是，確定學生學會如何學習，而後設認知教學與認知行為改變，能夠有效地幫助我們達成目標。

　　自我調控的學習方式，可以建立學生的信心，因而增強了學生的學習動機和自尊，同時也提高了學生的學業成就。對於從事特殊教育的人來說，認知策略教學無疑是一大利器。

問題討論

　　現在初等教育的教學主流，傾向以孩子為中心、並且比較不重視結構。本章討論的策略訓練，要如何融入一般的課程呢？

建議進一步讀物

Ashman, A. and Conway, R. (1989) *Cognitive Strategies for Special Education*, London: Routledge.

Ashman, A. and Conway, R. (1992) *Using Cognitive Methods in the Classroom*, London: Routledge.

Chan, L. (1991) 'Metacognition and remedial education', *Australian Journal of Remedial Education* 23, 1: 4–10.

Cole, P. and Chan, L. (1990) *Methods and Strategies for Special Education*, Sydney: Prentice Hall.

Droscoll, M.P. (1994) *Psychology of Learning for Instruction*, Boston: Allyn and Bacon.

Evans, G. (ed.) (1995) *Learning and Teaching Cognitive Skills*, Camberwell: ACER.

Meltzer, L.J. (ed.) (1993) *Strategy Assessment and Instruction for Students with Learning Disabilities*, Austin: Pro-Ed.

Pressley, M. and McCormick, C.B. (1995) *Advanced Educational Psychology*, New York: Harper Collins.

第五章

行為管理

要創造一個兼顧每個人之權利和責任的環境，要一個
學校能夠順利運作，有效的行為管理是不可或缺的要素。
如何在基本權利與責任之間取得平衡，是行為管理的重要
課題。

（Rogers 1995 .12）

許多教師反映，普通班主要的問題來源之一，是會干擾上
課的孩子。他們有些會過度要求教師與同學的注意力，有些則
在教師或同學試圖幫忙的時候無法合作。也就是說，即使教師
知道他們需要的指導為何，也無法提供。因為，這些孩子完全
不能接收教師傳達的訊息。有人認為，要融合情緒和行為異常
的孩子在普通班裡，對教師而言是幾乎不可能的挑戰，除非教
師能夠得到充分的支援（Branson & Miller 1991）。

教室行為

雖然有些學生在校的行為問題，來自他們在校外（例如，

家庭）遭受的壓力與困難。但不可否認的，造成學生行為問題的原因，有些的確來自學校這個學習環境。班級人數過多，也可能會助長問題行為的發生。研究發現，較小的班級似乎比較沒有紀律問題，而且氣氛比較友善，學生也有較高的學業成就。甚至，連教室裡的座位安排，都可能會影響學生的行為和成就。研究報告指出，當學生排排坐而不是分組坐的時候，他們會比較專注認真。然而，大部分的小學為了促進孩子之間合作學習，通常都安排學生分組而坐。我們將在下一章，討論分組工作最有效的利用方式。

　　任何對瑣碎、缺乏挑戰的工作感到乏味無聊的學生，都有可能成為麻煩製造者（King 1995）。由於某些學校的氣氛和教師的態度，傾向於將這些學生隔離起來，因此，學生的適應不良和自我形象的不良發展，可能是學校環境引起的，而不是學生本身的問題。不幸的是，教師通常都把問題歸因於學生本身或是他的家庭背景，而很少反省學校的課程安排，或是教師個人的教學方法。

　　若學生出現「挑釁」行為，尤其進入中學階段後，教師必須諮詢其他科任教師的意見，看看這個學生在他們的課堂上是否也會製造問題。所有曾接觸這個適應不良學生的教師，必須共同商量並決定一個對待該生的方法。在中學裡，助長學生之適應不良問題的因素之一是，隨科更換教師。學生在一天之中，就會遭遇相當不同的對待方式，從權威到放任，每個教師可能會有不同的態度。我們必須把這種不一致降到最低。有些大型學校會採取區隔化的作法，讓固定某幾位教師為某一群學生上課，以減少此類問題。至於年齡較小的孩子，管理不一致的問題幾乎不會發生，因為大部分的課程是由同一個教師擔

任。到了中學階段後，才會浮現更多的問題。

　　當孩子的行為發生問題，有時候當然需要徵詢專家的意見，但是很多時候，在學校裡就可以成功地修正這些行為。所有的教師必須採取主動，而不是以被動的方式來掌控教室，建立良好的課堂公約是很好的開始。

課堂公約

　　課堂公約，是任何課程要順利進行的必備要件。教師與學生，必須及早一起建立讓班上每個人共同遵守的規範。課堂公約規範的對象必須一視同仁，而且必須兼顧學生與教師的權利和責任。規約必須少而明確，條列在班上每個人都看得到的地方，並且要使用正面、肯定的詞句（要說學生應該做什麼，而不是說學生不可以做什麼）。教師必須讓學生瞭解規約的重要性，也要讓學生清楚知道犯規的後果（Calf 1990）。

　　研究發現，最有效率的教師，會將建立課堂公約列為新學年開始的首要工作。他們會和學生一起討論該有哪些規則，然後公平且制度化地執行這些規則。這些教師在教室裡總會保持警覺、善用目光接觸，並且採取主動，避免行為問題發生，而不是等問題發生才來解決。他們會為學生設定適當的學習工作、避免課程枯躁乏味、留心學生的學習進展，並且會提供回饋給全班和學生個人（McManus 1989; Lovitt 1991）。

　　學者建議，教師必須擬定計劃，好讓自己事先知道當教室裡有問題行為發生時該怎麼做。這樣的計劃可以讓教師從容地面對學生引發的狀況。改正學生行為的方式包括：

- 策略性地忽略這個學生和他的行為（低干擾的問題行為）；
- 簡單扼要的指示（「安妮，請做你的功課。」）；
- 正增強（「很好，安妮。」）；
- 發問與回饋（「你在做什麼，麥克？我來幫你。」）；
- 公約提醒（「大偉，你知道我們對吵鬧的規定。請安靜地做你的事。」）；
- 簡單的選擇（「抱歉，瓊安。你若不安靜地做你的事，我就得請你到前面的位置來。好嗎？」）；
- 與同學隔離（把問題行為學生帶到旁邊，和他討論他的問題，然後把他安排在一個安靜的位置上，讓他做該做的事）；
- 帶離教室（有時需要將問題行為學生隔離，到另一個地方接受看管）。

教師還可以利用移除導火線的方式，化解可能爆發的衝突。例如，教師可以說：「我知道你覺得心煩氣躁，莎莉。先平靜下來，我們等一下再好好談一談，可是現在我想請你開始工作。」善用不帶嘲諷的幽默，對於化解問題也有幫助，而且不會讓學生有受到壓制的感覺（Grossman 1995）。

教室裡的規則、權利、和責任

羅傑斯在他的著作中，給了我們非常有價值的建議。他認為，在學校裡規範學生行為的目標，應該是為了幫助學生做到以下幾點：

- 為自己的行為負責；

- 自我控制；
- 尊重他人的權利；
- 採取公平和誠實的原則；
- 面對自己行為所造成的必然後果。

以每個人的權利和責任為基礎的公約，必須由全班同學經公開、民主的方式建立。而且應該尊重他人權利，包括了其他同學的學習權與教師的教學權。

羅傑斯清楚地說明了，規約形成的過程和規約本身一樣重要。在新學期的第一週，應該把教室討論的重點放在權利、規則、和責任上。犯規的後果也應該公開地討論。規約應該包含溝通行為（例如，舉手等待）、如何對待他人的意見（例如，聆聽和讚美）、在教室走動的注意事項、音量、安全、私人物件、學校設備等。公約必須以肯定的詞句，表達學生該做什麼，而不是學生不可以做什麼。如果公約經由全班公開討論而定，學生就會對這些規則產生認同感。

當學生有問題行為發生時，羅傑斯建議採取三個步驟：

- 以提醒公約的方式警告；
- 與同學隔離五分鐘；
- 向全班同學道歉。

當學生的問題行為不在規約裡時，教師應該鼓勵他寫下自己的行為，讓他反省自己犯了什麼錯，以及他該怎麼做來改正錯誤。

改變行為：概論

　　要改變學生的不當行為，通常需要考慮所有直接或間接支持這種行為的因素。例如，因爲教師要求安靜工作，而公然反抗的學生，可能反而會得到同學的認同；他也可能學會閃躲教師的要求，避免承認自己的無能；甚至連學校寄發的家長通知書，都可能被孩子認爲是一種吸引家長關心的方式。這些因素都會增強學生的現況。此外，他可能正爲了上一堂課與其他教師或同學發生爭執，而心不在焉。如果教師安排的工作不吸引他，他根本就不會有嘗試的動機。爲了改變這種局面，教師必須盡量改善每一個因素。這種對問題做全面考量，並試圖改變所有因素的做法，有人稱之爲「生態改變法」。

　　另一種時常與「生態改變法」搭配使用，以得到最大效果的方法是「行爲改變法」。

　　「行爲改變法」有三種基本假設：

- 所有的行為都是學習而來；
- 可藉由改變結果來改變行為；
- 可藉由操控環境因素，來決定哪些行為可以得到獎勵，哪些行為可以被忽略，哪些行為必須受處罰。

　　當教師設定好改善的目標，必須確認所有影響問題行爲的因素，然後設計方案，經由獎勵、增強、或處罰等一致的系統，來改善學生的行爲。教師也得花心思，改善學生自我監看的能力，以增強他與問題行爲相關的自我控制能力（Grossman

1995）。

　　行為改變法，偶爾會招致情緒性的批評。有人認為，操控個人的行為和反應，是忽略學生人格特質的做法。因為，行為改變法完全忽略了人文主義所重視的人際關係。然而，要精確地設計與執行行為改變方案，必須非常謹慎地觀察這個孩子與教師，以及其他孩子之間的互動關係。所以，行為改變法非但沒有忽略學生的人格特質，也非常重視人際關係。

　　有些教師不願嘗試行為改變方案，因為他們聽說，行為改變方案要求教師對學生的某些行為，做非常精確的記錄與圖表。然而，事實上，精確記錄的資料雖然深具臨床價值，要求忙碌的教師在課堂上詳細地記錄學生的行為，卻是不切實際的。

　　我們將進一步討論行為改變方法，但首先，讓我們來引述一段話：

　　　情緒困擾孩子的良好行為管理，與一般孩子的良好行為管理，有許多共同之處，預防問題行為最好的方法是，創造一個快樂的教室環境，讓孩子在這裡以自己的工作為榮，並且學會尊重他人。

（Hallahan & Kauffman 1986 p.184）

確認問題

　　如我們之前所提，不斷尋求他人注意的孩子，時常帶給教師困擾。因為他們會干擾上課、影響其他孩子學習。當有孩子

不斷地挑戰教師的管教，教師當然會感覺受到威脅。這種感覺可能會迫使教師採取嚴厲的手段，教師與學生之間的衝突，因而勢必難免。

據研究者觀察，教師對於不喜歡的行為，總是反應太過度，卻因而立刻增強了學生這種行為。也就是說，教室裡的許多行為問題，尤其是干擾上課與尋求注意這些行為，因為教師不斷地給予回應而得到鼓舞。以大量時間訓斥學生，就等同給予不良行為特別多的注意力，這使得教師想避免的問題反而得到增強。教師使用的某些控制技巧（例如，公開斥責或處罰），可能會強化孩子「我是強硬的」自我形象，並且強化了他在同學間的某種地位。

如果班上有一個難以管教的孩子，我們必須花些時間，分析可能的原因。以下的問題，也許可以幫助我們勾勒出問題行為的完整樣貌。

- 哪一堂課這個行為比較不常發生（結構嚴謹的課或是較自由的活動課）？
- 這個行為常常在什麼時段發生（早上或下午）？
- 在問題發生之前，教室內的吵雜程度如何？
- 當時班上學生是如何組織的（分組、個人作業）？
- 當時教師在做什麼？
- 當時這個孩子的工作狀況如何？
- 教師對這個行為的立即反應是什麼？
- 這個孩子對教師的反應，有什麼反應？
- 其他的孩子對這個情況，有什麼反應？
- 教師曾經用什麼策略，成功地處理這個問題？

　　這些都是我們在教室裡就可以觀察到的狀況，行為分析並不需要檢驗孩子的成長歷史，或是深入探討孩子的心理問題。

　　有人為行為改變療法設計了一套包含九個步驟的計劃，不過許多案例並不需要用到全部的步驟，通常只要確認需要改變的問題行為、執行適當的改變策略、評估結果就足夠了。以下是行為改變療法的九個步驟：

- ・確認需要改變的行為；
- ・觀察並記錄，這個行為發生的頻率和時間長度；
- ・設定可達成的目標，如果可能的話，讓行為問題學生參與這個過程；
- ・觀察學生，找出可能增強問題行為的因素；
- ・選擇教導的步驟，例如示範、提醒、角色扮演等；
- ・讓行為問題學生試演需要改變的行為；
- ・施行改變方案，提供學生回饋；
- ・監看方案實施的成效，比較實施前後，問題行為發生的頻率和時間長度；
- ・當問題行為改善時，必須確定這種改善會維持下去，並且要利用每個機會幫助學生把這樣的改善，應用在不同的情境。

減少干擾行為之策略

　　有時候，一點簡單的改變，就可以明顯地減少問題行為的發生。除了重新分組、換座位、降低音量、以及更密切地監督

學生的工作進度之外。我們還要推薦以下的策略。

刻意忽略

　　雖然大部分的教師不能接受，忽略孩子卻是一種可以經常運用的方法。如果某個孩子開始搗蛋（例如發出聲音吸引注意），教師要完全忽略這個孩子，並把注意力放在另外一個行為適當的孩子身上（King 1995）。如果教師能夠教導全班學生，忽略搗蛋同學的行為，不要對他的行為做出回應，以免增強他搗蛋的動機，那麼「刻意忽略」這個策略將會有更好的效果。普通班裡的智能障礙孩子，往往只是展現出心智年齡層較低的不當行為，通常單獨使用刻意忽略這個方法就能達到改變行為的目的。

　　明顯地，只是忽略問題行為並不足夠，我們還必須刻意稱讚，並增強這個孩子在課堂上的適當行為表現（McCoy 1995）。雖然我們致力於減少孩子的不良行為，但大可以更正面的態度，多讚美進而增強孩子良好的行為。在與學生互動的時候，我們要記住一個原則，多用肯定與鼓勵，少用否定與批評。

　　當學生干擾上課的行為，有傷害他人的危險時，教師就不能忽略了。如果學生的行為，會導致別的孩子發生學習問題，教師也不能繼續坐視不理。教師有責任防止傷害危險發生，但是必須私下安靜而迅速地處理。私下訓斥與暫時隔離（如果需要後者的話），是避免不當行為得到過多其他孩子注意力的方法。

增強與獎勵

為了改變不當行為，尤其是年幼或不成熟孩子的行為，建立一套獎勵制度也許是必要的。如果稱讚和微笑沒有效果，就有必要依照每個孩子的差異來給予獎勵。如果可能的話，找幾種不同的東西來當做獎品，也許是孩子喜歡的印章、貼紙，或是玩一次電腦遊戲、玩一次拼圖、聽故事錄音帶，或甚至是擦黑板！有些教師使用代幣。這個做法通常很有效，因為代幣是一種立即而且可觸及的獎賞，把得到的代幣堆在桌上，會讓學生很有成就感。當學生得到的代幣累積到一定數量時，可以替換不同的獎品，也許是可以做自己喜歡的活動、可以提早下課、或是一份可以帶回家給父母看的獎狀。雖然代幣本身沒有獨特性，卻具有交換個人喜歡事物的自由度。

教師也許可以在教室的牆壁上，張貼計分表，讓每個人與每個小組在這一天當中努力所得的獎勵，都可以讓全班看見。有些教師發現，計分表對於整體的教室管理很有幫助，任何良好的行為表現都可以得到鼓勵，例如，最快做好準備工作、表現出高度的自我管理、工作成果最好、能夠安靜工作、幫助其他人。

剛開始，我們需要對每一個適當的行為做增強。不過，在一段時間之後，增強的動作就可以減少。大部分討論行為改變的書，都會提供使用增強法的一般原則，這些原則值得我們在此重述。

・首先，在學生表現出良好行為時，要立刻給予增強，並

且要常常重覆增強的動作。

- 再者，學生建立了良好的行為模式後，教師必須給予間隔式的增強，也就是在學生做了幾件正確的行為之後，才做增強的動作。
- 最後，教師逐漸採用不可預期的增強，那麼學生新近習得的良好行為，就可以在沒有持續得到回饋的情況下，維持得愈來愈久。

暫時隔離

「暫時隔離」是指，暫時將學生完全與其他孩子分隔開來，也許是在教室的另一個角落，或甚至是在另一個空間。雖然暫時隔離看起來像是直接處罰，但它其實是「刻意忽略」的一種形式。暫時隔離可以確保孩子不當的行為，不會得到不該有的注意力，甚至得到社會性的增強。

我們必須注意，一旦開始使用暫時隔離法，孩子每次犯錯就得被暫時隔離。如果，我們對孩子的不良行為，有的時候容忍，有的時候處罰，有的時候給予隔離，孩子不可能建立起良好的行為模式。態度一致，是最大關鍵。

如果在教室外面可以做其他有趣的事，就盡量不要把犯規的孩子放在教室外面。有些情況是，被處罰的孩子會透過窗戶玻璃，吸引教室裡其他孩子的注意力；要不然就是和走廊上其他學生接觸，或是觀看學校其他角落正在發生的趣事（McCoy 1995）。

有些情緒異常的孩子，可能會有衝動的行為。對他們來說，一段安靜獨處的時間是必要的。我們建議，教師必須為這

個學生安排一個固定的角落（例如學校圖書館的一角），讓他在那裡做一些習題。在這個學生能夠冷靜下來與教師做理性的溝通之前，不要讓他回到教室。當然，這個學生在教室外的時間必須有人監護。

處罰

處罰，如果執行得當，也是一種減少問題行為的方法。不過，在現今的教育中，處罰已經成為一個備受爭議的議題。有人說：「現在的潮流似乎是，否決學校以任何形式的處罰管束學生的合法性。」然而，處罰有時候是必要的，而處罰的結果也確實能夠改變行為。

處罰學生，必須在問題行為發生之後立刻執行。延遲的處罰是完全無效的。如果能夠配合正向增強，處罰可以收到最大成效。單獨使用正向增強或處罰，都不如這兩者配合使用來得快速有效。若推打別的孩子的學生，能夠同時得到正向增強（因為對別的孩子友善而得到讚美），與處罰（因為推打別人而得到責備或暫時隔離），那麼他就會學會適當的行為。

反對處罰的主要理由是，雖然處罰也許可以暫時壓制某些行為，但是它也可能引發許多不欲見的後果（例如，恐懼、疏離、忿恨、建立學校和處罰的連結、師生關係破裂）。處罰在消除學生負面行為的同時，也可能壓制了這個孩子在教室裡的正常表現。

如我們之前所說，我們不能把處罰當作改變行為的惟一方式。處罰雖然有某種效果，但是它所引發的副作用絕不容忽視。

行為契約

　　行為契約，是由參與行為改變方案的各方，共同簽署的一份同意書（Salend 1994）。問題行為學生同意遵守某些規範，而教職員和家長同意做某些事以作為回報。例如，學生可能簽署同意準時上學，並且不干擾上課，而教師則簽署同意在學生達到要求時，會在行為契約上特別註明，並加以表揚。教師必須觀察學生行為改變的進展，在必要的時候適時修改契約內容。如果可能的話，學校要協調家長共同參與，在學生達到契約要求時給予獎勵，反之則以取消某些特權做為警惕。一份行為契約成立之後，必須讓所有與這個學生相關的教職員都知道契約的詳細內容。

　　教師可以利用行為記錄卡，來幫助自己記錄學生是否達到某些要求，設計簡單的圈選欄位，可以讓教師輕鬆快速地完成記錄工作。例如：

準時上學	是	否
完成家庭作業	是	否
遵從指示	是	否
專心工作	是	否
不干擾其他人	是	否
完成全部的工作	是	否

　　我們建議教師定時寄一份記錄卡給學生家長，並且定期與學生家長以電話或信件連絡。

實作演練：行為改變療法

　　請閱讀以下記錄，這是教師向教育心理學家所做的描述。

　　大偉似乎永遠無法安靜下來。他總是不經思考，就大聲叫喊出答案，而且不停地想辦法，吸引其他孩子的注意力。他永遠都在活動。他不僅在課堂上是個問題，甚至上課前也是個麻煩。在我下車之前，他就已經等在那裡，要告訴我發生了什麼事，而且搶著拿我的袋子到辦公室去。他總是一有機會就黏著我，放學之後也纏著我說個不停。我有時候會給他一些事做，好讓他不再纏著我，可是他多半都不會完成工作。真正令我困惱的是，他總是在進行非常簡單的活動時，要求我幫助。他並不需要幫助，只是要阻止我去幫助真正需要幫助的孩子。當我和別的小組坐在一起的時候，他會故意來搞蛋或是惹我生氣。他從未認真做他該做的事，學習成效也不理想，我得特別盯著他，才能讓他專心下來做點事。當然，我沒有辦法一直盯著他。每當我們開始新課程的時候，他就真的無可救藥了。他根本不聽指導，只是隨便亂猜該怎麼做，他也不在乎自己猜對或猜錯。有些孩子不喜歡他，因為他破壞了他們的工作成果。他也不能忍受失敗，一有機會他就會作弊。午餐時間，他和別的孩子在一起，我看到他做了非常愚蠢的事。在其他孩子的慫恿下，他為了讓他們刮目相看，會做出任何事。他甚至去刮傷別的教師的車子，只因為別人說他不敢。

你要如何幫助像大偉這樣的孩子？

減少攻擊行為

孩子的攻擊行為，最令教師困擾（Church & Langley 1990）。教師的壓力上升，與校園裡學生的攻擊行為增加，有密切的相關（Balson 1992; King 1995）。

有些專家認為，學生的攻擊行為是挫折、疏離、與絕望等感受交織而生的結果。其他專家則認為，攻擊行為會發生，是因為這個孩子沒有學到解決衝突、避免對立的策略。這兩種觀點並不互相排斥，教師在分析學生的攻擊行為時，必須兼顧這兩種看法。

之前我們提到的減少一般問題行為的策略，也適用於減少攻擊行為上。以下補充的攻擊行為之因應策略，也許可以給教師更多幫助。如果攻擊行為持續不斷，教師必須尋求專家協助，和學生的家庭合作也是必要的措施。

預防

當教師知道，自己班上有潛在的攻擊行為學生時，必須謹慎地控制可能引發攻擊行為的狀況。太多鬆散的時間、太多沉悶的課程、以及太多的自由活動，都是需要避免的。教室內的位置安排，也許需要花點心思，必須讓教師能夠輕鬆地監看每個角落，並且能夠走到每個座位旁。建立一套教室常規和生活

公約也有助益（King 1995）。一個瞭解班上學生的教師，應該
能夠預期會發生攻擊行為的時刻，而適時以改變活動或委任工
作等方式，來轉移問題學生的情緒。

靠近

當孩子看起來快要失去控制了，教師必須走近他，甚至侵
入孩子的私人空間，以防止攻擊行為發生。教師必須很快地轉
移孩子的注意力，並且將他帶到教室的另一個角落，給他一點
簡單但可以看到成果的事做，並且陪伴他直到他開始工作，然
後要讚美孩子對工作的專注。

提供消耗精力的方式和其他選擇

學校應該提供某些孩子額外的運動機會，好讓他們消耗掉
過多的精力。教師可以準備一些體操錄影帶，如果教室氣氛需
要改變的話，這些錄影帶就可派上用場。對某些孩子來說，這
種「發洩」策略似乎非常有效。特別對中、小學有行為問題的
學生來說，這是很好的防止問題方法。

教導孩子用語言表達他們的憤怒

不善表達的學生，也許因為語言困難，通常不知道如何處
理自己的憤怒，因而導致不當行為發生（Froyen 1993）。任何
改變行為方案，都應該把重點之一放在幫助學生用語言述說問
題。在可能發生衝突的時候，語言可以幫助孩子控制自己，因

而降低攻擊行爲發生的可能性。教師必須接受孩子憤怒的情緒，但是在接受的同時，也要建議孩子用別的方法表達。例如，教師可以教孩子說，「告訴他，你不喜歡他拿你的書」或「告訴大偉，請他把彩色筆還給你」。認知行爲改變方案對此也有幫助。

情緒直接表達訓練

情緒直接表達訓練，是設計來幫助孩子瞭解，他們有權利做自己，他們有權利公開表達自己的情緒。表達情緒並不是用言詞攻擊他人，而是公開坦誠地表達自己的感覺。有專家建議，對於普通班裡的障礙學生，教師需要時常給予社交技能與情緒直接表達的特別訓練。

用幽默化解衝突

幽默的笑話，能夠幫助孩子在不丟臉的情況下，從憤怒的情緒中放鬆下來，也可以避免教師和學生發生正面衝突（Grossman 1995）。教師要注意不要拿孩子做爲取笑的對象，也不要在笑話中隱含嘲諷的意味。

改善行爲異常學生的自我控制

由瑞格（Wragg 1989）發展出來的認知行爲改變方案，對一些行爲異常學生的幫助非常顯著。此一名爲「和自己說理」的方案，利用個別指導與提示卡等方法，爲學生建立起一套自

我教導策略，來協助學生監看自己對日常生活中之問題的反應，進而以較有效的策略處理這些狀況。

此療法的第一階段，是幫助學生分析他們不當的行為。讓他們瞭解，那些做法對他們自己一點幫助都沒有（例如，動手打人、和教職員爭執）。接下來，要幫助學生建立改想要改善的欲望，並設立下週的目標（停止做這個而開始做那個）。學生可以利用「情緒指標圖表」，來監看自己發怒或情緒波動的程度。

在經過一段時間之後，要開始幫助學生改變負面的想法和信仰。此方案的重點之一是，教導學生利用「公開陳述」來阻止自己不當的想法和反應，並給自己足夠的良性反應時間。

這個方案，也可用來改善基本教室行為。

瑞格相信，學校的諮商老師和心理學家，也可以利用此方案，來幫助行為異常孩子。

幫助退縮或膽怯的孩子

研究人員發現，在一般的教室中，教師比較容易注意到干擾上課的行為，而不會注意到安靜退縮的行為。由於安靜、退縮的孩子不會為教師製造問題，因此時常被忽略。他們從不破壞教室常規、從不影響別人，也因此常常不被注意。

多數教師已經意識到，過度的害羞與退縮是適應不良的症狀。然而，並非所有安靜的孩子都有情緒問題，例如，由安靜、深思熟慮型的父母撫養長大的孩子，很可能就會學到相同的行為模式。沉默的孩子也許相當快樂，強迫這樣的孩子表達

情緒，是非常可議的做法。

如果孩子在與其他同學互動時，真的有退縮的問題，教師就有必要介入。對於肢體或智能障礙兒童來說，社會接受度低也許是主要問題。我們會在下一章中，討論教導這些孩子社交技能的策略。對於孤單、被拒的孩子，教師需要透過慎選工作同伴，幫助他在班級中建立一份友誼，並且時常提供機會，讓這個孩子能體驗與他人合作所得到的正面成果。有時教師可以鼓勵孩子，從家裡帶些比較少見的玩具或遊戲，到學校來與其他孩子分享。只要孩子能與同學建立起友誼，即使只是一份試探性的友誼，教師都必須從旁滋潤灌溉。

在非常注重課業的班級，大部分時間，學生都埋首於書桌前努力工作，而缺乏社交技能的孩子，發展社交關係的機會較更少了。相同地，為特殊需求兒童設計的個別教育方案，也可能只考慮了他們的認知需求，而犧牲了他們的社交技能發展。

長期被拒或童年壓抑，會導致學生完全缺乏社交技能，甚至造成心理上的與世隔絕。這樣的孩子缺乏語言溝通，也許從未與人有過目光接觸。在許多案例中，這些孩子為了避免不愉快的接觸（例如，其他孩子的嘲笑），只好繼續把自己隔絕起來。近年來，有長期壓抑痛苦的學生人數急遽增加，有些學生甚至痛苦到走上自殺的絕路。在此我們要鄭重呼籲，如果教師懷疑某個學生有自殺傾向，必須聯合其他專家與家長來共同幫助孩子，使孩子早日重獲心理健康。

在討論社會隔離兒童的書中，通常會建議教師，仔細觀察孩子在教室裡與在操場上的狀況，好找出可以謹慎介入的時機（例如，先讓孩子在其他孩子旁邊玩相同的遊戲，然後慢慢讓他加入其他人）。教師必須從旁引導、支持、提醒、與增強，

讓孩子能夠順利經歷這些階段。如果要讓孩子成為團體的一份子，同儕團體的合作是不可或缺的。研究顯示，社交技能訓練配合同儕的介入，能夠有效改善孩子的社會適應（Grossman 1995）。

　　許多關於障礙兒童融合於普通班的研究均指出，這些孩子的社交接受並不會自然發生。大部分的障礙兒童，需要學習如何與他人相處（如何打招呼，如何交談，如何分享），就像一般的孩子需要學習如何接納障礙兒童一樣。

注意力缺陷與過動

　　有些學生，不管在校內或校外，都顯現出嚴重的注意力無法集中的問題，我們將這樣的孩子歸類為「注意力缺陷」（Attention Deficit Disorder, 簡稱ADD）。這些孩子常常也有過動的行為，我們將這種學習困難型態稱為「注意力缺陷過動異常」（Attention Deficit Hyperactivity Disorder, 簡稱ADHD）。「注意力缺陷」和「注意力缺陷過動異常」約佔學生總數的百分之三。

　　ADD和ADHD經常被誤用，因為有些孩子，只是對課程感到乏味無聊而顯得煩躁不安，而有些則是因為班級教師缺乏良好的管理技能。然而，的確有孩子真的有注意力缺陷與過動問題，而且過動有時候是伴隨其他缺陷產生的（例如，腦性麻痺、先天或後天腦部損傷、某些特定學習障礙）。

　　造成ADHD的原因，至今無法確認。以下所列都是可能的因素：中樞神經系統功能失常、細微到無法測試出來的腦部損

傷、對某些物質過敏（例如，食品添加劑）、對環境刺激的副作用（如螢光）、家庭問題、母親在懷孕期間酗酒等等。現在大部分的研究者都同意，過動徵候群是一組症狀不同、成因各異的行為異常。

雖然ADHD孩子不一定智力低下，但是，他們往往在大部分學科上都是低成就者。他們可能也有統合困難，有些孩子則在同儕關係上面臨問題。研究指出，大部分的過動問題，就算沒有治療也會隨著孩子年齡增長而逐漸減輕。然而，注意力不集中、不安於座等問題，卻會嚴重影響孩子在重要學習階段的學習進步。

治療ADD和ADHD有四種主要方法。

藥物治療

這可能是最普遍的治療方式，尤其在美國更是如此。大約百分之八十的過動兒，對藥物治療會產生良好反應，其餘則否。在美國，主要的處方藥物包括了Ritalin（利他能），Dexedrine, 和Cylert（賽樂特）。雖然藥物能減輕過動症狀，學生的學業成就卻不一定能因此提高。這可能是因為孩子沒有得到補救教學協助，沒有辦法趕上進度。研究人員的結論是，單獨使用藥物無法充分解決孩子的問題，必須提供孩子額外的教學指導，並且配合一種以上的下列方法。不過，在一些案例上，藥物確實明顯地改善孩子的注意力問題。有些家長甚至發現，他們的孩子在服用藥物之後，行為有了戲劇性的改善，這使得家庭所承受的壓力也明顯減輕。

然而，有報告指出，長期服用藥物會有副作用（包括成長

遲緩、身高過矮、睡眠不安穩）。

飲食控制

　　飲食控制，意指在飲食中避免人工色素或防腐劑。雖然飲食控制並非對所有的過動兒都有效，但有家長表示，這個方法對他們的孩子非常有幫助。

精力發洩

　　我們之前提過，以提供運動機會，來消耗掉孩子過多的精力，精力發洩就是這個策略的應用。

行為改變

　　ADHD孩子的良好行為（專心工作、完成作業、干擾行為減少）必須得到增強與獎勵。在任何可能的時候，教師要盡量忽略孩子的過動行為。當無法忽略時，「暫時隔離」是非常有效的減少過動行為之方法，而且遠比藥物治療安全。

　　瑞格建議，用自我管理訓練，來改善孩子無法專注的問題。在「認知行為改變法」中，孩子會學習用語言自我規範，來控制自己的反應和行為。例如，教導孩子對自己說：「我必須專心工作五分鐘，然後休息一分鐘。」有時候可以利用錄影機錄下孩子的行為，然後播放給孩子看，再與孩子共同討論哪些行為需要改變。認知行為改變主要適用於智力中等以上的孩子，因為這些孩子比較能夠瞭解這個方法，並且持續地使用

它。

　　由於每個過動兒的起因可能都不同，因此治療方式有很大的差異也不足為奇。對某個孩子有效的方法，不一定對另一個孩子有效。我們的結論是，治療ADHD孩子必須考慮所有可能的因素，而行為管理原則、自我管理的認知行為策略、以及學業與社交技能兩方面的有效教學，對這些孩子最有實質的幫助。

摘要

　　本章整理了控制與改變兒童行為的一些技巧，尤其著重於孩子的干擾與攻擊行為，因為這兩種行為帶給教師最多困擾。我們也討論了退縮、膽怯的孩子可能遭遇到的問題，以及治療ADD或ADHD孩子需要注意的事項。

　　總括來說，若想治療孩子的行為問題，教師必須做通盤的考量，從課程內容、同儕團體、教室環境、到家庭狀況，都是必須列入考慮的範圍。許多行為問題起因於社交技能不足，我們將在下一章詳細討論社交技能訓練。

問題討論

・確認目前令你感到困擾的問題行為，盡量客觀地寫下這個行為的主要特徵。最明顯的特徵是什麼？這個行為，為什麼令你感到困擾？試著找出引發這種行為的因素。當這種行為發生時，你怎麼處理？當這種行為發生時，其他孩子有什麼反

應？

· 你贊成用代幣來獎勵並改變孩子的行為嗎？

· 「教師壓力」在近幾年已成為一重大問題。討論可能造成教師壓力的因素，提出能夠減少這些問題的做法。

· 每個學校，都應該為行為管理制定明文的規定。你認為，新進的教職員會希望在校規中看到什麼？

· 「隔離的方法，不可能幫助適應不良學生，發展出適當的行為模式。」這句話是對的嗎？

建議進一步讀物

Alberto, P. and Troutman, A.C. (1995) *Applied Behaviour Analysis for Teachers* (4th edn), Columbus: Merrill.

Balson, M. (1992) *Understanding Classroom Behaviour (3rd edn)*, Hawthorn: ACER

Canfield, J. (1990) 'Improving students' self-esteem', *Educational Leadership* 48, 1: 48–50.

Charles, C.M. (1996) *Building Classroom Discipline: From Models to Practice* (5th edn), New York: Longman.

Froyen, L.A. (1993) *Classroom Management: The Reflective Teacher-leader*, New York: Merrill.

Grossman, H. (1995) *Classroom Behaviour Management in a Diverse Society* (2nd edn), Mountainview: Mayfield.

Lerner, J.W. and Lerner, S.R. (1991) 'Attention deficit disorder: issues and questions', *Focus on Exceptional Children*, 24, 3: 1–20.

Jackson, M. (1991) *Discipline: An Approach for Teachers and Parents*, Melbourne: Longman Cheshire.

Rogers, B. (1995) *Behaviour Management: A Whole School Approach*, Sydney: Ashton Scholastic.

Walker, J.E. and Shea, T.M. (1995) *Behaviour Management: A Practical Approach for Educators* (6th edn), New York: Merrill.

Wragg, J. (1989) *Talk Sense to Yourself*. Hawthorn: ACER.

第六章

改善社交技能與同儕接納

伴隨融合而來的是，障礙學生在普通班中的社交問題。雖然普通班中的社交網路，可能可以提供特殊兒童正面的社交收穫，但也可能讓特殊兒童更深陷於個人缺陷的社交性格中。

（Farmer & Farmer 1996 p.432）

上面所引述的這段話，提醒我們注意一個重大的問題－普通班裡的特殊兒童所面對的社交接受。雖然融合的教育措施，能創造出一個增強障礙兒童社交能力的環境，然而，我們必須注意，這種社交能力增強並不會自動憑空而生（Vincent 1995）。

大部分關於融合的研究均顯示，光是把障礙兒童安置於普通班中，並不能使孩子的社會地位自然改善。而且孩子的確可能遭受忽視、邊緣化，或甚至遭到同儕的公然排斥。身為教師，我們絕不能允許這種情況發生，因為早期學校生活經驗中，學生人際關係的好壞，將對孩子往後的能力發展產生長遠且重大的影響。這也就是為什麼，建立良好人際關係是現今教育最重要的目標之一（Cooper & McEvoy 1996）。

提供社交互動的機會

　　要障礙兒童與其他孩子產生正面的社交互動，並建立友誼，至少必須具備三個條件（Falvey & Rosenberg 1995）：

- 機會：也就是說，障礙兒童要經常待在其他孩子附近，才能發生有意義的接觸；
- 連續不斷：障礙兒童要與同一群孩子長期交往幾年，也要在放學之後能在住家附近與其中某些孩子碰面；
- 支持：障礙兒童需要協助，讓他們和其他孩子接觸，並且維持校外的友誼，例如，有人開車載他們到朋友家去，或是允許他們在朋友家過夜，這對障礙兒童來說尤其重要。

　　融合的教育措施，提供了友誼發展的機會，也讓障礙兒童有機會觀察，並且模仿其他孩子的社交互動和行為。但是，學校仍然必須提供必要的支持，以促使正面的社交互動發生。這對缺乏信心與基本社交技能的學生來說，尤其重要。
若安置於普通班的障礙學生沒有得到充分的支持，三個重大的問題就會浮出檯面：

- 障礙學生將不會自動自發地觀察並模仿，發生在他們周圍的社交模式；
- 一般孩子也不會主動積極地接納障礙學生；
- 甚至有些教師將不會主動介入，以提高障礙學生的社交

互動。

　　關於上述的最後一點，教師們似乎已經愈來愈察覺到介入的必要，以幫助孩子在班上建立友誼（English et al. 1996; Lowenthal 1996）。然而，雖然孩子的社交發展逐漸受到重視，但某些教師的不慎作為，卻會在無意間造成孩子的社交隔離。讓我們以實例來說明。

- 某教師總是在戶外活動時選兩個隊長，然後就指示他們「選你們自己的隊員」。猜猜看，誰總是最後才被挑選？這種情況，是教師使用不同的分組策略就能完全避免的。
- 某教師總是讓偉恩坐在他的附近，以便就近控制他的行為，並且適時提供幫助。這個方式，雖然照顧到偉恩的某些教育需求，卻不可避免地剝奪了男孩與其他孩子互動的機會。
- 某教師認為，琳達需要個別的作業安排，因為她趕不上班上的程度（而這個教師從來不做任何分組工作或練習）。這位教師花費時間精力，為琳達設計適當的教材，甚至特別為琳達安排座位，好讓她安心工作不受其他學生干擾。雖然這個方法能夠照顧到孩子學業學習需求，卻必然減少孩子與同學的社交互動，並且強化了孩子在班上的「與眾不同」。這是「融合」的做法嗎？
- 某教師除了執勤之外很少到學校操場來。如果這位教師花一點點時間觀察大偉在操場的情形，他就會發現這個男孩總是被其他孩子忽視。他總是在門邊等著進教室。

　　有些教師似乎需要提高對上述情境的敏感度，也必須願意採行適當的策略，來改善孩子在班上的社交互動。我們將討論，如何找出有社交問題的孩子，以及介入孩子社交互動的策略。

　　我們必須說明，這裡討論的雖然是障礙兒童的社交問題，但是我們提供的方法，適用於任何在社交發展上需要幫助的孩子。

如何找出人際關係有問題的孩子

自然觀察

　　要找出有問題的孩子，最顯而易見的策略就是非正式的觀察。教師用心觀察孩子工作和遊戲的情形，一定很快就能找出受到同學忽視、排斥、或取笑捉弄的孩子。同時，試著觀察造成這種狀況的表面因素，也非常重要。例如，受同學排斥的孩子，是因為他具有攻擊性、常常破壞遊戲？還是因為這個孩子缺乏動機、信心、和技能，來和別的孩子接觸？

　　自然觀察可能是最有價值的方法，因為教師可以看到孩子與同儕互動最真實的狀況，進而找出能夠改變的因素。

社會計量調查

　　自然觀察法，鑑定出來的往往是最明顯的案例，而不容易

發掘社交互動中較細微的部分。因此，有些教師會進行全班性的普查，讓所有的孩子自在地回答自己交朋友的主要選擇。教師也可以和每個孩子私下晤談，或讓已會寫字的孩子填寫問卷。首先，教師要詢問每個孩子：最想和誰一起玩或工作（孩子的第一選擇），然後再問孩子如果這個同學不在學校，他會選擇誰（第二選擇）。有些教師也許還會問孩子最不想和誰一起玩或工作（這個問題偶爾會招致批評，因為孩子們事後可能會彼此討論回答的內容。但如果處理得當，這個問題應該不會發生。）調查結束之後，教師要計算每個孩子的得分，如果孩子是別人的第一選擇，那麼可以得兩分，第二選擇則可以得一分。例如，蘇珊是三個孩子的第一選擇，兩個孩子的第二選擇，那麼她的總分是八分。教師可以將調查結果製成圖表，幫助自己掌握班級學生的社交關係，例如全班最受歡迎的、最不受歡迎的孩子是誰？哪些孩子是死黨，等等。

　　這類調查提供的訊息，不僅能幫助教師找出社交互動不良的孩子，也幫助教師決定分組工作的成員。知道孤立的孩子最想和誰合作，有時候是很有用的資訊，但是有些孤立的孩子，只是寫下全班最受歡迎學生的名字，並不是他真正的選擇。

同儕考核

　　葛希漢（Gresham, 1982）建議，以同儕考核取代社會計量調查，因為他認為同儕考核能夠更準確地反應出學生之間的好惡程度，並且不會發生有些孩子完全被忽視或遺忘的情形。

　　同儕考核的做法是，發給每個孩子一張列有全班學生姓名的表格，然後要每個孩子在每個同學的名字旁邊填上從1（不

太喜歡）到5（非常喜歡）的分數。考核結果將透露出大部分
學生不喜歡的孩子是哪些人，也可看出所有學生對這些孩子的
接受度。雖然，有時候考核結果會與教師的自然觀察結論差不
多，不過，如我們之前所說，有時社交互動較細微的部分並不
容易觀察出來。

人際關係圖

　　也可以用同心圓來呈現孩子的人際關係。在同心圓最裡
圈，寫上孩子的名字，下一圈則寫上孩子生活中所有最重要的
人（父母、照顧者、最親近的朋友等等），再往外一圈則寫上
孩子認為和自己關係友好的人，最外圈則寫上孩子認識但不歸
類為朋友的人。這個圖形可以清楚地呈現出孩子的人際關係
網。在一些個案中，這個人際關係圖甚至可以幫助自覺孤立的
孩子，看見自己與他人的關係。

　　人際關係圖可在小組活動中，或由教師與孩子一對一完
成。當教師採用個別的方式，也許可以建議孩子在同心圓的外
圍，寫上他們不喜歡的人。教師可藉由與孩子討論的過程，得
知障礙兒童可以在哪些人身上得到幫助和支持，也可善用這些
訊息，作為班上學生分組的依據。

教師考核

　　教師在觀察學生的社交能力時，可以利用表格來幫助自己
記錄。表格上所列的項目，當然是能夠反應學生社交技能的行
為，例如，問候、與他人互動、分享、避免衝突等等。

家長關切

　　有時孩子在學校的人際關係問題，是因為家長提及，所以才引起教師注意。教師應該針對家長所提的問題，做更深入的瞭解，並且採取必要的措施。

┌─────────────────────────────────────┐

　　　　　實作演練：教室裡的人際關係

・請你利用社會計量調查或考核，來瞭解班上學生的人際
　關係，在統計結果之前，試著預測高分與低分的孩子。
　你的預測準確嗎？這份調查有沒有透露出令人意外的訊
　息？調查結果對你有什麼幫助？
・如果學生年齡適合，試著在你的班上做「人際關係圖」
　的活動。

└─────────────────────────────────────┘

創造一個支持的環境

　　要促進特殊兒童在普通班裡的社交互動，有三個必要條件：

・教師與同儕團體，必須盡量持正面、接納的態度；
・教室環境，必須盡量提供障礙兒童與同學接觸的機會，
　包括下課及上課時間；

．教師必須教導障礙兒童與同學交往必要的社交技能。

影響態度

一般學生（甚至教師）如果缺乏與障礙兒童相處的經驗，而且缺乏關於障礙方面的知識，在障礙兒童面前可能會感到不自在，因此會盡量避免和障礙兒童接觸。有語言和溝通問題，或是有不尋常肢體外觀的障礙兒童，所遭遇到的社交困難是最嚴重的。有研究發現，最難成功地融合在普通班裡的是，中度智能障礙學生和有語言問題的學生。週遭環境對於障礙的無知，可能導致強烈的偏見、敵意、和排拒（Hickson 1990）。

幸好，有愈來愈多證據顯示，教師和同儕團體的態度可以有重大轉變。當教師和同儕較為瞭解障礙的本質時，他們就更能接納障礙兒童。經驗告訴我們，多知道一些關於障礙兒童的事、和障礙兒童直接接觸，最能影響教師和同儕團體改變對障礙兒童的態度（McCoy 1995）。經驗也告訴我們，態度轉變是一個漫長而漸進的過程。

教師在教室內建立起關懷他人的風氣，最能夠影響孩子們的態度。要建立這樣的風氣，教師應該以身作則用自己的行為做示範，也可藉由公開討論解決問題的方法來凝聚共識。鼓勵同儕互相幫助，建立夥伴關係，也是有用的做法。

以下所列方法，均有利於改善一般孩子對障礙兒童的態度，在「喚醒」孩子們對障礙者的認知之後，重點應該放在「我們能幫什麼忙？」，「我們要怎麼對待這樣的同學？」，「注意他在沒有幫忙的情況下，已經能夠做多少事。」

- 觀賞描述障礙者日常生活的影片。
- 安排關於某些障礙的課程並實際討論。
- 安排障礙人士來訪或演講。
- 安排模擬活動，例如，模擬聽障、視障、或坐輪椅。 （不幸地，有兩種情況無法模擬，那就是智能障礙和情 緒困擾，而這兩種正是在社交方面最有問題的障礙。）
- 閱讀並討論關於障礙人士的故事與他們的成就。
- 定期到特殊學校或安養機構做義工。

創造機會

希望缺乏社交技能的孩子，能學會處理人際關係，就必須 提供機會，讓這些孩子確實參與所有的團體活動。如果要障礙 兒童擁有良好的人際關係，那麼在障礙兒童的學齡前、小學、 中學等階段，都必須經常運用小組工作與合作學習等模式。不 幸地，雖然分組工作與合作學習等方式，是早期學校教育普遍 的做法，但是到了中學之後，這種做法就不那麼普遍了。孩子 將會面對愈來愈僵化的課程和時間表。

要發揮小組工作與合作學習的價值，教師必須創造一個不 以競爭為主的教室環境，並且每天至少有一部分時間，利用分 組策略鼓勵學生合作學習。然而有研究發現，有些教師仍然使 用太多競爭的方法，而有些教師根本不用分工合作的學習方 式，甚至有些教師完全忽視學生的個別差異，要求所有的孩子 在同樣時間內，做相同的工作。我們想說的是，如果教師不運 用分工合作的學習方式，那麼就很難促進特殊兒童的社交融合 （Salisbury et al. 1995）。

分組工作

合作式的分組工作要順利進行，必須依賴良好的教室組織、合適的工作性質、以及恰當的分組成員（Lyle 1996）。常常分組工作開始變得混亂，是因為教師分配的工作太模糊或太複雜，或者是因為學生不太熟悉分組工作的技能，或者是因為教室的座位安排讓學生行動困難。所有的分組工作都要有清楚的結構，並且要讓所有的學生瞭解。為使分組工作達到預期成效，就必須謹慎地計劃。

在運用分組工作的學習方式時，必須考慮以下的基本原則。

- 只是幫學生分好組，並讓他們工作是不夠的。教師必須教他們如何一起工作，教他們什麼才是合作的行為，例如，傾聽別人的意見、分享、讚美他人、互相幫助。如果工作內容是要求學生學會某項課業，那麼教師就要教學生如何互相測試。
- 在進行分組活動的時候，教師必須謹慎監看各組的狀況，在必要時提供建議、鼓勵分享、讚美合作的態度、示範合作的行為。如果教師（或是擔任義工的家長）能夠從旁協助，多數的分組活動都能順利進行。
- 孩子們分工的方式必須謹慎計劃，每個孩子能夠發揮的功能也要明確指示，例如，「約翰，你可以幫忙葛利寫作，然後他可以幫你在小板子上寫字。」教師在讚美孩子的互動行為時，必須具體地描述。「很好，約翰。我

看到你的朋友真的很感謝你，你幫他扶著鋸子。」「做得很好，蘇珊。你能幫忙莎莉錄音真是太好了。」

· 小組人數的多寡也是很重要的。有學者建議，如果孩子較年幼或是不熟悉分組工作，那麼以二到三個人為一組較為合適。教師必須謹慎挑選組員，避免將明顯互不相容的孩子分在同一組裡。從社會計量調查獲得的訊息，可以幫助教師，為較不受歡迎的孩子挑選適當的工作同伴。

· 分組工作選擇的主題非常重要。教師必須挑選需要分工合作的任務，才能達到分組工作的目的。研究人員發現，孩子們在教室裡常常是分組而坐，但做的卻是個別的事。這種做法，非但使分組的意義完全喪失，而且會讓個別工作的孩子無法專心做自己的事。

· 基本上，讓每一組做相同的工作是有好處的。因為這樣能方便教師準備需要的材料，也比較容易控制時間。如果每一組做的事情都不一樣，可能會造成教師教室管理的一大問題，除非這些學生都已經非常能幹，有能力獨立工作。

· 當小組成員中有特殊學生，教師一定要清楚地說明，這些學生所分擔的工作和責任是什麼。教師也可以建立一套制度，不僅獎勵個人對小組所做的貢獻，也獎勵小組成員互相幫助互相支持的合作態度。在這樣的架構下，小組成員將學習到互助合作的精神，因為小組的成功必須依靠小組裡的每一個人。互助、分享是我們所重視、也希望孩子們學習到的精神。

· 在進行分組活動的時候，教師應該鼓勵學生交談。有一

個有趣的統計，在進行分組活動時，學生互相交談的次數，大約是在進行全班性活動時的三倍。

· 教室內的座位安排很重要。每個小組的成員應該坐在一起，但仍然要有活動空間，避免互相阻擋。

· 教師應該常常做分組活動，這樣孩子們才能學會分組工作的技能和常規。不常做分組活動的班級，總是要浪費很多時間才能讓孩子們進入狀況。

促進社交互動

我們還可以利用哪些策略，來增強障礙兒童社交融合的機會呢？

· 建立「小老師制」、「夥伴制」，和其他以幫助障礙學生為出發點的關係，都是非常有效的策略。有時學生之間，會因此而發展出真摯長久的友誼。

· 教師可以多做一些與課業無關的活動和遊戲，因為在沒有壓力的情況下，障礙兒童比較能夠輕鬆地學習與他人合作。

· 教師還可以在班上做相關主題的討論，例如，「交朋友」、「合作」等。「在午餐時間，你如果想要某個人和你一起玩，你要對那個人說什麼？」「如果在操場看到新同學，你要怎麼和他打招呼？你要怎麼讓他覺得，你歡迎他到我們學校來？」有時候教師可以準備簡單的漫畫，讓學生為不同的人物填上適當的問候語或對話。

‧讓同儕團體擔負增強與維持障礙兒童社交互動的責任，
是很重要的。一般孩子常常不知道自己可以做什麼，來
幫助障礙兒童，教師必須教他們如何與障礙兒童接觸，
如何邀請特殊兒童參與活動，如何幫助這些孩子完成某
些課業等等。

社交技能訓練

有些孩子不受歡迎的主要原因之一，是因為他們缺乏適當
的社交技能。這些孩子往往會陷入社交困境，因為沒有朋友就
沒有機會練習社交技能，而缺乏社交技能就無法交到朋友。有
人認為社交技能問題，遠比學業問題更能影響孩子各方面的發
展（Ariel 1992 p.354）。

童年時期的社交孤立，可能造成嚴重的長期影響，甚至影
響成年生活，所以我們應該幫助社交孤立的人，盡早克服這些
問題。幸好有愈來愈多證據告訴我們，促進人際關係的社交行
為是可以學習的，而且有長久持續的效果（Grossman 1995）。
然而，雖然大部分的社交技能訓練方案都可產生正面效果，但
在維持訓練所得技能與靈活應用這些技能上，仍然會有問題。
我們還必須注意，有些障礙兒童就算受過特別的社交技能訓
練，他們還是覺得交朋友非常困難。

雖然如此，為了有效融合所有的孩子，我們仍然必須提供
所有可能的機會和訓練，讓缺乏社交技能的孩子學會這些重要
技能。特殊兒童確實改善了自己的社交技能後，他們與同儕的
關係也因此獲得改善，而與同儕關係改善正好可以增強與維持

社交技能的進步。沒有社交技能訓練，障礙兒童的互動對象可能是，任何時候出現在他們面前的成人，而不是其他的孩子（English et al. 1996）。

何謂「社交技能」？

概括地說，社交技能是和他人發生並維持正面互動的行為構成要素。有人條列了三十種不同的社交技能，我們將必備的技能扼要敘述如下。

基本社交技能

- 目光接觸：能夠和說話的對象，維持至少一小段時間的目光接觸。
- 臉部表情：微笑，流露出有興趣的樣子。
- 社交距離：知道該和他人保持禮貌的距離，知道身體接觸在何時是不適當的。
- 聲音控制：音量、音高、說話速度、清晰度、內容。
- 問候他人：主動或回應他人的問候，邀請別的孩子加入活動。
- 交談：適合年齡的交談技能、表達感情、問問題、聆聽、流露興趣、回應問題。
- 與他人一起遊戲和工作：遵守規則、分享、妥協、互助、輪流、讚美別人、說謝謝、說對不起。
- 尋求注意力和要求幫助：用適當的方法。
- 妥善處理衝突：控制自己的憤怒、應付別人的憤怒、接受批評、有運動員精神。

‧注意清潔衛生。

以上所列各項，包括語言的與非語言的，均是成功的社交互動必備的技能。

除了擁有適當的社交技能，還必須避免會妨礙人際關係的行為特質，例如，惹人討厭的行為（打斷別人談話、戳人、大聲喊叫等等）、任性而不可預測的反應、亂發脾氣、粗惡的言詞、玩遊戲作弊。有時候，也許需要使用「行為改變法」或「認知行為改變法」來減少這些行為的發生。

社交技能的分類法，除了「語言性」與「非語言性」之外，還能區分為「認知的」或「行為的」。認知的社交技能包括：知道在某種情況下該做什麼不該做什麼（例如，知道成人什麼時候有空可以聆聽）、有同理心或瞭解別人的感受、預期自己的行為後果。行為的社交技能包括：微笑、肢體語言、用適當的音量說話、做目光接觸、與交談對象保持適當距離等等。智能障礙與情緒異常學生，在學習認知的社交技能時，往往會遭遇困難。這個現象並不令人意外，因為孩子的認知能力，與他的心智發展息息相關。特殊兒童要比一般孩子晚很多才能完全瞭解這些事情。有時父母的過度保護會讓情況更加惡化，因為孩子往往因此而喪失了與同儕互動的機會。

如何教導社交技能

大部分的社交技能訓練方案，都是以示範、練習、角色扮演、回饋、輔導等方法為基礎，有時候可以利用錄影的方式，來提供受訓者行為示範和回饋。

面對每一個個案，首先當然是要決定起點，哪些技能對這個孩子來說，最為重要。研究者建議，教師不僅必須觀察和分析，孩子已經具備什麼以及缺乏什麼，還必須決定孩子所處的班級環境需要什麼樣的社交技能。教給孩子在他所處的環境中無法發揮的技能，是毫無用處的。

　　增強孩子社交技能最具意義的場合，當然是學校的教室和操場。有時教師需要介入，以幫助孩子加入團體活動，或是和慎選的同伴一起工作。教師還必須讚美並增強孩子們的合作、友善、和互助行為。然而，介入並非永遠可行，尤其對遭受嚴重排斥和嚴重畏縮的孩子來說，更是如此。有時候也許該讓孩子離開教室環境，在他完全熟悉某項技能之後，才讓他實際應用在人際關係上。我們來看一個實際的例子，受訓者是一個正處於青春期，非常害羞的孩子。經過分析，輔導者認為最重要的是，建立這個少年的會話技能。在一個不受干擾的空間裡，他們給予這個孩子四種訓練：問問題、回應他人所說的話、表達真摯的感情、保持目光接觸。這項訓練每週施行兩次，每次二十分鐘，總共持續十五週。在指導員說明、示範之後，他們讓這個孩子和指導員一起練習這些行為，然後再讓他與不同的對象進行長約十分鐘的應用練習。這些擔任對話者的人，事先都已知道自己必須扮演溫暖友善的角色，而且要避免主動發問，回答盡量簡短，因為他們必須讓受訓者擔負維持對話的責任。受訓者將應用學習到的策略，盡量找出談話對方的興趣，以保持交談的進行。在訓練結束之後，觀察發現，受訓者在教室內的互動行為，確實有了明顯的改善。

社交技能訓練：六大步驟

典型的社交技能訓練方案，所使用的訓練方法大都遵循以下步驟：

定義　　說明將教給孩子的技能，討論這項技能為什麼重要、它的功能是什麼。訓練者可以利用影片、圖畫、玩偶、或指出同儕的行為等方式來展示這項技能。教師可以說「看她怎麼幫他用積木建造牆壁」、「看那兩個一起玩拼圖的女孩，告訴我她們在跟對方說什麼」。

示範　　將這項技能分解成簡單的元素，由教師親自清楚地示範，或是挑選一個孩子來做示範。

模仿和演練　　讓孩子在設計好的情境下模仿相同的技能。要成功地完成這個步驟，必須給孩子認真學習的動機。

回饋　　回饋必須是具體的。「你做得還不太好。你在跟她說話的時候，必須看著她。再試一次。」「這樣好多了！你看著說話的人，露出微笑。做得很好。」有時以錄影的方式提供回饋也是適當的做法。

提供應用技能的機會　　教師可以在孩子學會某項技能之後，安排適合應用這項技能的活動。

間歇性的增強　　教師必須持續觀察孩子應用這項技能的表現，給予具體的讚美和獎勵。孩子一旦學會某項技能，就要把目標放在繼續保持這項技能上。這些行為一旦建立，常常都會自然而然地保持下來，因為這些行為可以促進孩子與同儕之間的良性互動，而良性互動愈多當然愈增強這樣的行為模式。

實作演練：社交技能發展

- 選擇一項社交技能（例如，「與他人合作」、「尋求注意」），依循上述的六個步驟計劃一系列的活動，以教導某個孩子此項技能。
- 有些教師認為，社交技能應該是「課程統合」的，不能以獨立主題看待。你的看法呢？「社交技能課」有無獨立存在的必要？如果有，要如何實行？

摘要

　　許多安置於普通班的身心障礙和學習困難兒童，都會遭遇同儕團體接納的問題。此外，有些沒有任何障礙的孩子，也同樣會經歷社交困難。本章討論了如何改變態度和環境來促進社交互動，以及如何教導孩子社交技能。過去，教師常常忽略孩子在社交方面的學習和發展，不過，這個現象已有了明顯的轉變。教師可以做很多事來幫助有社交問題的孩子，而教師們已經認知到自己在這方面的責任。有效的融合方案，必須照應到特殊學生的社交接納。

　　學業成就低落，似乎是導致人際關係不良的因素之一。對某些孩子來說，若要提高同儕接納的程度，就必須提高學業成就。我們將在接下來的章節中，討論如何加強學生的基本學業技能。

討論

· 安妮今年三年級，是個非常害羞膽怯的女孩。她在班上從不
製造問題，作業也都寫得很好。她的教師愈來愈感到憂慮，
因爲他不管在教室內或教室外，都無法讓安妮稍微外向一
點，而且他感覺到這個女孩似乎愈來愈畏縮。他該怎麼做？

· 許多情緒困擾學生缺乏社交技能，無法和其他孩子發生正面
互動。有許多這樣的孩子不僅反社會，也充滿敵意和攻擊
性。想像有一個這樣的孩子在你的班上。說說你可能採取哪
些步驟，來改變孩子的攻擊行爲，讓班上學生較能接納他。

建議進一步讀物

Barnes, P. (ed.) (1995) *Personal, Social and Emotional Development in Children*, Oxford: Blackwell.

Bryan, T. and Lee, J. (1990) 'Social skills training with learning disabled children and adolescents', in T.E. Scruggs, and B.Y. Wong, (eds) *Intervention Research in Learning Disabilities*, New York: Springer Verlag.

Canfield, J. and Wells, H.C. (1994) *One Hundred Ways to Enhance Self-Concept* (2nd edn), Boston: Allyn and Bacon.

Cartledge, G. and Milburn, J.F. (1995) *Teaching Social Skills to Children and Youth: Innovative Approaches* (3rd edn), Boston: Allyn and Bacon.

Johnson, D.W and Johnson, R.T. (1994) *Joining Together: Group Theory and Group Skills* (5th edn), Boston: Allyn and Bacon.

Johnson, D.W., Johnson, R.T. and Holubec, E. (1990) *Circles of Learning: Co-operation in the Classroom* (3rd edn), Edina, Minn.: Interaction Books.

McGrath, H.L. and Francey, A. (1991) *Friendly Kids, Friendly Classrooms*, Melbourne: Longman Cheshire.

Petersen, L. and Gannoni, A.F. (1992) *Teacher's Manual for Social Skills Training*, Camberwell: ACER.

Pierce, C. (1994) 'Importance of classroom climate for at-risk learners', *Journal of Educational Research* 88, 1: 37–42.

Putnam, J.W. (1993) *Cooperative Learning and Strategies for Inclusion*, Baltimore: Brookes.

Slavin, R.E. (1990) *Cooperative Learning: Theory, Research and Practice*, Englewood Cliffs: Prentice Hall.

Thousand, J., Villa, R. and Nevin, A. (1994) *Creativity and Collaborative Learning*, Baltimore: Brookes.

第七章

閱讀：從哪兒開始

　　初級閱讀者，在學習閱讀的早期階段，需要教師給予
更多的直接教導。

　　　　　　　　　　　　　（ERIC Digest #E540 1996 p.79）

　　學習閱讀並不是件簡單的工作，即使對某些智力中等的學
生來說，也不容易，更別說是對障礙學生了。聽覺障礙，通常
會限制孩子語言能力的發展；腦性麻痺，就算沒有伴隨智能障
礙，也可能併有視覺上的問題，使孩子在進行需要小心控制眼
球運動的工作時，很快就會覺得疲乏；視覺障礙，則永遠少不
了大字書和眼鏡等放大字體用的輔助工具，全盲者還需要點字
工具。智能障礙，會導致學習緩慢，許多中度至重度智能障礙
的孩子，可能永遠無法在學校學會閱讀。情緒異常，讓孩子無
法靜下心來專心看書，也讓孩子完全缺乏學習動機。然而，幾
乎所有障礙兒童，都可以在教師協助下學會認字的基本技能，
並且理解簡單的文章。只要給予特別的指導和訓練，即使最困
難的孩子也能得到戲劇化的進步（Conners 1992; Swicegood &
Linehan 1995; Lingard 1996）。

　　有人說，沒有一個方法，可以完全解決學習閱讀時遭遇的

問題。由此看來，知道愈多方法的教師，就愈能為學習困難的學生，提供適當的幫助。研究者下結論說：「解決所有閱讀困難學生遭遇之問題的最好方法，就是結合各種不同方法，並針對孩子的個別需求，提供協助。」

語言哲學的潮流

全語言教學法

在英國、澳洲、紐西蘭、和北美洲，現代的初級閱讀教學深受史密斯（Smith 1978, 1992）、古德曼（Goodman 1967, 1989, 1994a, b）、和坎布恩（Cambourne 1988）等人著作的影響。這些作者的觀點是，孩子的閱讀技能是經由「自然學習」習得，而不是經由直接教導。他們認為，孩子閱讀技能的習得，和他們之前學會語言溝通的方式差不多，不需要特別教導他們過程。積極閱讀書籍的學習者，藉由實驗性的語言、冒險、猜測、預期字句和自我改正，建構出個人獨特的語文意義。當孩子們浸淫在重視閱讀與寫作的環境中，他們自然會想成為能讀能寫的人。

古德曼等人提倡的閱讀教學法，本質上是以孩子為中心，並且提供孩子為「真實的」目的，而閱讀與寫作的經驗。如古德曼所說：「孩子們以閱讀與寫作來學習並解決問題，同時也學習了閱讀與寫作。」這種閱讀教學法，即為眾所皆知的「全語言教學」。古德曼堅持，「全語言」並不是一種教學方法，

而是一種學習與教育的哲學。不過，爲了便於溝通，我們在此仍將全語言視爲一種教學方法。

全語言教學法的主要特徵

全語言教學法在課堂上的應用，通常遵循以下原則：

- 每天讀好作品給學生聽，並且準備一些好書，讓學生自己閱讀；
- 每天安排一段讓學生安靜閱讀的時間；
- 每天提供機會，讓學生為真實的目的，而閱讀與寫作；
- 要就著情境脈絡教導閱讀技能，而不是將閱讀技能抽離出來單獨教授；
- 整合所有課程，讓學生在各科目都能運用閱讀技能。

閱讀的重點是要讀出意義，因此我們在閱讀時，會利用各種線索來幫助自己看懂文章的內容。閱讀者可由三大系統來找尋線索：

- 語意的（所閱讀的文字涵義）；
- 句法的（句子或片語的文法結構）；
- 文字語音的（符號與它們所表現的語音之間的一致性）。

全語言教學法的狂熱支持者，強烈反對以明確教學的方式，來教導基本的閱讀技能，如認字、語音解碼、和拼字。他們認爲孩子致力於閱讀與寫作的時候，自然就會發展出對字母原則的瞭解（Moustafa 1993）。

　　全語言教學法強調意義的觀點，暗示著閱讀者可藉語意和句法的線索，來猜測單字和文句的涵義（由上而下的方法），並不需要分析個別單字的拼法或音節（由下而上的方法）。因此，和其他傳統的閱讀教學法比較起來，全語言教學法顯得不太重視語音教學。

　　服膺全語言教學法的人，堅持不該將語音解碼技能和拼音技能分離出來單獨教授，他們相信，這麼做只會讓學習過程更加困難。他們表示，全語言教學法事實上也教授語音技能和拼音技能，只是，他們並不以教這些技能為目的，而且總是依循情境脈絡來教導這些技能。他們認為，只要在學生需要的時候教導這些技能。例如，當學生需要正確地拼出某個單字，或是必須認出某個無法從上下文猜出意義的單字。

　　全語言教學法，經常與以文學為基礎的教學方案併用，而不使用以字彙難易程度來分級的書籍。取材自其他科目的閱讀材料，如數學、自然、社會等科目，也常常在這類方案中使用。他們認為，如果要學生能夠在生活中，把閱讀與寫作拿來實際應用，就必須提供學生各種不同類型的閱讀素材。

　　全語言教學法的倡導者宣稱，此教學法不僅對一般學生有效，對於特殊學生與有識字問題的成人也同樣有效。然而，有許多人提出反駁，批評全語言教學法（例如，Pressley & Rankin 1994; Harrison, Zollner & Magill 1966）。全語言教學法所持的論點，對一般學生來說可能是對的，因為一般孩子的閱讀技能之學習，幾乎都是一種自然的發展過程。但是，教過有閱讀問題學生的教師都知道，如果要這些孩子進步，就必須教導他們認字策略、字母知識、和解碼技能。當我們教導孩子閱讀時，當然必須著重意義理解，但是沒有基本的認字能力，從

上下文猜測，或預期文字的方式，就顯得非常不可靠。有人建議，應該在全語言教學法中，融入明確的基本技能教學，因為他們認為，諸如字母知識這類重要的學習基礎，絕不能依賴隨機的教學方式。

如果教師純粹使用全語言教學法，不會從上下文猜測的學生，就會遭遇困難。也許正因為這些學生接觸語言的經驗有限，特別是較精緻的書本語言，所以他們本身的字彙能力就更受到限制。沒有人會否認，閱讀的目的是要理解意義，而讀得愈多就會讓我們更會讀，也更能享受閱讀的樂趣。然而，在上下文線索不足時，如果沒有必要的解字技能，我們還有能力完全理解並且順暢地閱讀嗎？

解碼技能

所謂的「語音解碼」，是指閱讀者利用字母與其發音之間的關係，來認出某個不熟悉的單字。「語音解碼」，同時也指書寫者利用字母與其發音之間的關係，試圖拼出某個從未見過的單字。

許多研究結果顯示，在學習閱讀的早期階段，有必要明確地教導孩子語音知識。這類教學，並不是要取代以意義理解或樂趣為目的的閱讀行為，而是要在著重意義理解的教學中，植入系統化的語音教學。沒有語音方面的知識，孩子們就會缺乏可靠的解字策略。在學習閱讀最早的階段，孩子們尚未建立豐富的字彙能力，因此他們需要字母與語音知識，來幫助自己確認不熟悉的單字。孩子在充分掌握語音知識之前，無法成為獨立的閱讀者。

　　最基本的語音知識，就是個別字母的發音，但由於並非所有的單字，都依循著規則性的字音關係，因此這項知識對初級閱讀者而言，雖然非常有用，但是它的應用卻十分有限。對閱讀者與書寫者來說，下一階段的語音知識－字群的發音，更能發揮功用，例如 pre-, un-, -ing, -tion, -ough, -ite, -ous, -air-, -ee-, -ie-, -ea-, 等等。雖然這些字串的發音，也並非永遠固定不變，但是以字串為單位，卻遠比以單一字母為單位，容易拼讀出單字。當孩子將字串與其發音連結時，自然會去排除英文拼音中許多不一貫的模式。

　　多數孩子可以自己學會發音原則，可是有些孩子卻無法做到。語音教學該佔的比重，因人而異。我們大致上，可以將孩子分成三類：不需指導，自己可以學會的孩子；只需要點撥一下，自己就會進步的孩子；永遠無法自學，老師教多少就會多少的孩子。

　　以筆者的教學經驗來說，絕大多數有閱讀問題的孩子，都嚴重缺乏語音知識和認字技能，因此，一套嚴謹的語音補救教學計畫，確實能讓他們受益。

　　我們並不鼓勵純粹的語音教學，而是建議所有教師，在閱讀方案中，為需要的學生增加這類教學活動。

　　全語言教學法，和以文學為基礎的教學方案，均強調下列事項的重要性：

・讓孩子處在滿是有趣味之閱讀材料的環境中；
・創造一個以閱讀為榮、以閱讀為樂的氣氛；
・教師示範良好的閱讀行為和態度；
・儘量鼓勵努力自動自發閱讀的孩子。

　　要所有的孩子成為熟練的閱讀者，這些因素是必要的，但這還不夠。只要學習中有機遇的成份，有學習問題的孩子就會面臨危機。為了促使盡量多的學生成為良好的閱讀者，下列因素必須得到重視。

閱讀困難學生的需求

　　學習閱讀遭遇困難的學生，必須在他們日常的學習活動中，加入以下要素。

- 一位熱忱的教師。
- 豐富的為樂趣而閱讀的機會。
- 充分瞭解閱讀的目的與作用。
- 成功的閱讀經驗，時常利用學生熟悉的教材。
- 經由輔導、讚美、和鼓勵，改善學生的自我形象。
- 為學生設計謹慎分級的學習方案，提供豐富的補充教材，讓學生多做額外的練習。
- 需要花更多時間在早期閱讀活動上（例如，識字卡、單字與圖卡配對、簡單的抄寫、造句等等）。
- 需要花更多時間在複習活動上。
- 如果使用分級的閱讀書籍，在使用新書之前必須先讓學生認識生字，以確保閱讀活動順利成功。
- 在教學生解碼技能之前，必須先給學生音素知覺訓練（例如，辨音、混音、將長長的單字切分成若干音節等）。

‧對沒有語言或聽覺問題的孩子，教師應該系統性地教導
學生語音知識，和建構字句的技能。教導這些技能時，
應取材自學生正在使用的閱讀材料。

‧每天進行寫作活動，教師必須給予指導與回饋。

‧改正字跡。

‧有些障礙學生，也許需要多重感官的教學方法（例如，
觸覺），才能具體領略教師所教授的東西。

在主流班級裡，不論教師採用哪種教學方法，這些學習困
難學生的基本需求都必須得到滿足。這些孩子的閱讀寫作技能
的發展，必須列入優先考慮的範圍。

在鬆散的、以孩子為中心的全語言教學法過度使用之後，
現在的語言教學已經回歸到較平衡的方式。如普瑞斯利
（Pressley 1994）所說：「明確教導孩子閱讀技能和策略，非但
不會排除全語言教學法所強調真實的閱讀與寫作經驗，而且能
夠幫助面臨學習危機的學生，更充分地體驗這種閱讀與寫作經
驗。」

診斷評量

為了滿足學習困難學生的特殊需求，有必要評量他們目前
的技能和知識。任何閱讀療育方案，都必須以孩子現階段能力
的評量結果為基礎。這種評量並不需要使用複雜的測驗方式，
過程也不宜太過冗長。如果需要大量資訊來設計方案，評量最
好分成幾個簡短的段落進行。評量的目的，基本上是要找出以

下四個關鍵問題的答案。

- 這個孩子已經會做什麼？他已經發展了哪些技能和策略？
- 如果給予一點提示和指導，他會做什麼？
- 他先前的學習存在什麼缺失？
- 他最需要學習的是什麼？

我們將治療學習困難的關鍵步驟，以圖表做重點摘要。治療，意指始於評量、至治療方案之計劃與實行的完整過程。這程序適用於所有課程。

各個階段的詳細內容如下：

第 一 階 段　　評量的方式，包括測驗、日常記錄、和自然觀察等。在評量孩子的閱讀能力時，最有效的方法，就是聽孩子讀一篇適當的文章，以瞭解孩子使用的策略和所犯的錯誤。這個孩子在讀文章時有自信嗎？夠流暢嗎？他會自我更正嗎？他是否非常依賴大人的協助？教師可在孩子所讀文章的影本上，做下各種記錄。

第 二 階 段　　從評量結果，評估孩子某項技能的發展（例如，閱讀），用前述的四個關鍵問題來作分析。

第 三 階 段　　找出孩子先前的學習存在的最嚴重缺失，安排補救教學的順序。

第 四、五 階 段　　從第三階段分析所得的資料，選擇教學起點，或設立教學目標，並且明確地寫下學生必須達到的要求。例如，教學目標：「增加孩子一看就知道的基本字彙」，表現要求：「給十二個最常見的單字，孩子必須毫不遲疑地讀出來」。

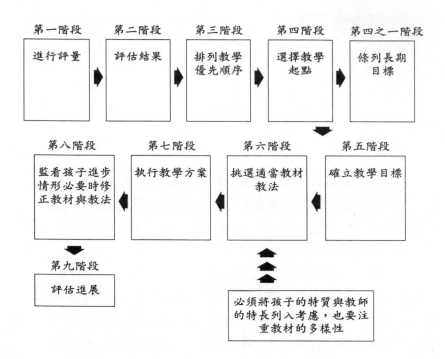

圖二 治療模式

第六階段 挑選適當的教材教具，來幫助教師達到設定的目標，並且慎重地選擇最適合學生的教學方法，同時必須考慮教師本身的特質。

第七階段 執行教學方案必須持續一段夠長的時間，讓孩子確實從方案中獲益。理想的情況是，在班上執行此方案，而不是將學生分離出來單獨教授。不過，有些時候單獨授課有其必要性，尤其是對學習障礙學生。

第八階段 在執行教學方案的時候，教師必須時時評估孩子的表現，判斷這個方案是否有效，是否需要做任何改變。

第 九 階 段 以一定的程序，評量孩子有多少真正的改變，做為方案執行的結果（總評）。這通常在教學告一段落後進行，並且以第五階段所設立的教學目標為評量標準。

當我們在評量孩子的時候，必須仔細觀察孩子的學習策略和解決問題技能，同時也不能忽略孩子的真實反應。例如，孩子所給的答案是慎重思考的結果？或是未經思考的猜測？孩子猶豫不決，是不是因為他顧慮大人的反應，而不願意冒險？

對孩子進行治療與評估，必須考慮所有可能的狀況，除了孩子的特質，還必須評估學習工作的本身（是不是太難？是不是不符合孩子的興趣？）、教學方法、學習環境、師生關係，以及孩子與同儕之間的關係。換句話說，孩子本身的因素通常不是教育失敗的惟一原因。學習失敗，通常是上述各種因素交織成的結果，而每一個治療方案，都必須能夠適度地調整各種可能的因素。

評量可分為「正式」與「非正式」兩種。所謂正式的評量，通常指的是紙筆測驗，以瞭解學習者的學習狀況。正式的評量可以是全班性的，也可以是個別性的。這種類型的評量，可以診斷出學習者學會了什麼、該從哪裡銜接新的學習。而正式評量和課堂上的觀察記錄，通常被列為正式評量的補充資料。

非正式評量，包括對學習者的直接觀察、以及學習者在課堂上的反應和表現。在閱讀方面，非正式評量的方式有：聽孩子朗讀、觀察孩子缺乏哪些解字策略等等。教師可以從班上的分級閱讀書籍中，挑選一些段落，自製一份由簡入繁的閱讀卷，藉以評量孩子的閱讀程度。如果孩子閱讀某一段落的正確率，達百分之九十五，那表示這個孩子可以獨立閱讀此一級別

的書籍，正確率達百分之九十，則表示這個孩子可以接受此一
級別的閱讀教學。如果孩子閱讀某一段落的錯誤率達百分之十
五以上，那就表示，這個級別對這個孩子來說太困難了。

實作演練：非正式閱讀評量

　　從班上的圖書中，挑選一些適當的段落影印下來，製
作一份非正式的閱讀測驗卷。每個段落必須謹慎分級，並
由淺入深。最簡單的段落，以簡單的字彙和短句組成，長
度大約五十個字。準備六個段落，然後挑選一個孩子，來
試作這份閱讀卷。仔細分析測驗結果，記錄孩子在認字、
自我訂正等方面的表現。

　　「觀察孩子閱讀與寫作」（Kemp 1987）這本書，在如
何做記錄與如何分析記錄等方面，提供了極佳的建議與指
導。

第一級：評量無閱讀能力者

　　當我們發現一個無閱讀能力的學生，不論他的年齡為何，
以下幾項訊息值得注意：

- 他能否集中注意力在學習上，或者他太容易分心或太過
  動？
- 他有沒有足夠的語言經驗（尤其是在學齡前聽故事）、
  足夠的口語字彙發展？

・他能否做到視覺辨識，將圖與字連結？

・他的語音知覺發展得如何？

・他瞭解什麼是「閱讀」嗎？（問他，「當我們要唸書給
　別人聽的時候，我們要做些什麼？如果你要教朋友讀
　書，你會告訴他要做些什麼？我們要怎麼讀書？」。）

・他瞭解「文字概念」嗎？（英文的文字概念指的是：單
　字是由字母組成，單字間的空隔是有意義的。）

・他有「字音」和「字母」的概念嗎？

・他知道字序是由左到右嗎？

・他能不能一眼就認出某些字？（例如，自己的名字、周
　圍環境常見的標誌。）

・他在接受簡短的教導之後，能否正確地完成圖與字的配
　對？

・他能否達成簡單的學習工作（用沒有圖畫的字卡學會三
　個單字）？

・他認得任何印刷體的字母嗎？

　　《及早發現閱讀困難》（Marie Clay 1985）這本書，對孩
子的文字概念與其對閱讀的理解兩大方面之評量，提供了非常
有用的方法。

第二級：評量初級以上的閱讀者

　　對於已擁有某些閱讀技能的孩子，以下幾項技能值得評
量：

基本目視字彙　　有哪些常用字，是孩子一眼就能認出來

的？

錯誤與理解　　當孩子朗讀時（內容必須符合其年齡的理解程度），他會犯哪種類型的錯誤？他唸出的字符合文句的涵義嗎？或者完全不合文意？孩子會因為自己唸出的字與文意不合，而意識到自己的錯誤，進而自我修正嗎？

拼音技能　　當孩子朗讀時，他會試著拼讀出不熟悉的字嗎？如果不會，在教師的鼓勵之下，他能否拼讀出不熟悉的字？他已經發展出完整的拼音技能了嗎？他會不會將長字分解成若干音節？

辨音技能　　這個孩子是否具有相似音的聽辨能力（例如，MOUSE---MOUTH, CAT---CAP, MONEY---MONKEY）？

他能夠將熟悉的字分解成音的組合嗎？他能夠將音拼成字嗎？由於這部分屬於聽／說測驗，孩子只要聽與說，而不會看到文字。下列測驗，能夠有效評量這種技能。

指導

說：「我現在要唸一些音，請你把這些音拼讀出來。我會唸得很慢，讓你聽清楚每個音。」以大約每秒唸一個音素的速度，清楚地唸出每一個音。如果連續答錯五題，即停止測驗。

單字

i-f	g-o-t	sh-o-p	c-r-u-s-t
a-t	m-e-n	s-t-e-p	b-l-a-ck
u-p	b-e-d	l-o-s-t	f-l-a-sh
o-n	c-a-t	j-u-m-p	c-l-o-ck
a-m	d-i-g	t-r-u-ck	s-p-i-ll

聽覺辨識、聽字辨音、和聽音讀字等能力，均屬於「音韻知識」的一部分。學者認爲，如果初級閱讀者要學會拼字，音韻知識是不可或缺的要素，而聽字辨音與聽音讀字等技能的訓練，確實能夠改善初學者的閱讀與拼音能力。

閱讀理解

除非孩子瞭解文字背後的涵義，否則閱讀就不能算是眞正的閱讀，因此閱讀理解的評量，就顯得格外重要。我們可以在孩子讀了一段文章之後，問他一些簡單問題。這些問題不只是要孩子回想具體的陳述（字面理解），例如，「故事裡的女孩幾歲？」、「故事裡的男孩叫什麼名字？」，還必須試探孩子對故事是否有深入的理解與推論。（例如，「他爲什麼這麼做？他覺得憤怒嗎？」、「那位女士友善嗎？」、「你覺得這個隊長的建議如何？」。）

教師偶爾可以利用「克漏字」（cloze）的方式，來測驗與促進孩子的閱讀理解。挑選一段一百到一百五十個字的文章，大約每隔五、六個字，即刪掉一個字，並留下空格。孩子能夠在空格裡，填入符合文意與文法的字嗎？

「閱讀能力分析」（M.D. Neal 1988,1989），是一份非常值得推薦的評量工具，它不僅能夠評量孩子的閱讀速度、正確率、和理解度，也能夠評量孩子的聽力技能和簡單的拼音能力。

第三級：評量到達瓶頸的閱讀者

有些孩子在學習閱讀八、九年後，會出現閱讀發展瓶頸。

有一些評量方法，可以幫助我們，找出這些孩子的可能問題。

錯誤分析

對於到達閱讀瓶頸的孩子，「錯誤分析」最能精準地指出孩子目前閱讀技能的不足之處。孩子也許對某些字串的習慣發音尚未精熟，因此會隨便猜測或誤讀，甚至會抗拒某些不熟悉的字。

「錯誤分析」的進行方式通常是，挑選一些具合理挑戰性，但不過度困難的閱讀材料，讓孩子朗讀，並且用錄音帶錄下孩子每次的表現，以作為分析之用。

坎普（Kemp 1987）建議將錯誤記錄下來，並將其分類為：自我訂正、求助、教師介入（要孩子再試一次或直接告訴孩子單字唸法）、替代（將替代的字寫在原字上方）、省略（在被省略的字上方劃線）、重覆（在孩子重覆的字下方劃線，每重覆一次就劃一條線）。這些方式，可以計算出孩子的錯誤率、自我訂正率、以及依賴度，而我們可以利用這些數據，比較孩子接受輔助教學前後的表現。

閱讀物的可讀性

我們必須為孩子考慮，他們選擇的閱讀物會不會太難。如果孩子總是面對太難的書籍，他們的閱讀技能無法進步。

最簡單的檢查方法，就是利用「五指測試」（Five finger test）。從書中挑選一段約一百字的段落，要孩子大聲地讀出來。孩子每犯一個錯誤，就彎摺一根手指。如果孩子讀完這一百字的段落前，五根手指都用完了，就表示這本書並不適合這個孩子獨立閱讀（錯誤率達百分之五以上，表示要孩子獨立閱

讀太難了）。

　　還有其他計算閱讀物可讀級別的方式，以下是其中之一：

・從書中挑出三十個句子；

・數一數，這些句子中三個音節以上的單字有多少；

・將這個數字開平方根，取最接近的整數；

・把上述的數字解加上三；

・得到的數字代表年級，也就是説，這本書適合這個年級
　的學生閱讀。

　　舉例來說，如果我們數出三個音節以上的單字有五十四
個，最接近54的平方根是7。7加上3等於10。那麼，這本書大
概適合十年級的學生閱讀。

　　然而，書籍的可讀級別，不只是由多音節單字的多寡來決
定。閱讀者熟不熟悉對書籍主題的熟悉度、書中所使用句法的
複雜度，還有句子的長度，都會影響孩子能否輕鬆地閱讀。甚
至印刷字體的大小、書頁排版的格式，都會影響書籍的可讀
性，尤其對學習困難學生而言更是如此。要判斷一本書的可讀
性，最可靠的方式就是，觀察孩子閱讀這本書的真實表現。

　　當我們在為孩子選擇閱讀物時，必須考慮以下幾點：

・主題是否在孩子的經驗範圍之內？

・這主題對孩子而言，是否有意義？

・這是一本吸引人閱讀的書嗎？

・書中所使用的語言是否生動自然、容易預測？有沒有很
　多孩子不熟悉的字？句子複雜嗎？

・書中有沒有提供很多有用的閱讀線索？

‧這類書籍能不能擴展孩子的經驗，讓孩子見識不同的寫作方式？

情緒因素

當我們面對一個停止進步的孩子，除了考慮認知因素，情緒因素也是必須列入考慮的重點。例如，這個孩子是否對閱讀產生了「毫不在乎」的負面態度？這個孩子是否體驗過閱讀的快樂？書本內容符合孩子的興趣嗎？這個孩子和教師之間的工作關係如何？有沒有增強誘因的方法？排除造成學習困難的情緒因素，和改善孩子的閱讀技能一樣重要。

在設定情緒方面的目標時，我們必須明確記錄能改變孩子動機、態度、和價值觀的作法。例如：「改善傑生對閱讀的態度，必須（1）加強他借書的意願、（2）讓他帶書回家看、（3）和他討論他看過的書、（4）給他充裕的閱讀時間。」；「露西需要更多在班上大聲朗讀的機會，以加強她對自己口語閱讀的信心。」

實作演練：閱讀技能的非正式評量

搜集適當的資料，評量孩子目前在以下這些方面的能力：

‧音韻知識
‧目視字彙
‧語音知識
‧解字技能

・閱讀理解
並試著回答前述四個關鍵問題。

摘要

　　本章所討論的評量方式，適用於各種類型的障礙學生。障礙學生並不需要特別的評量方法，我們所要做的是盡量找出，學生目前在某項技能方面能做與不能做的是什麼。至於重度障礙學生，也許評量的內容與同年齡的孩子不同，但是評量的過程與方式並無差異。

　　教師必須依據孩子的評量結果，給予孩子需要的幫助。我們將在下一章討論幫助閱讀困難學生的方法，不論造成孩子閱讀困難的原因是什麼。這些方法大部分都可以在一般教室裡使用，並不需要特別隔離孩子來單獨教授。

討論

　　想像一下，由於你任職的學校尚無一套評量學生閱讀程度的系統，因此，教務主任要求你設計一套系統，來全面評量全校學生的閱讀能力，並且找出需要特別幫助的學生。

　　經過相當時間的努力之後，你設計出一套似乎可行的評量方法，於是你在教學會議中提出你的計劃。

　　令你十分驚訝的是，有好幾個同事非常強烈地反對你的建議。他們不能接受這種「正式」的測驗方式。他們認為，考試

不能讓他們更瞭解孩子的學習狀況，而且考試會讓孩子感到焦慮，若讓家長得知考試結果，也許會引起許多不必要的麻煩。

這個時候，你該怎麼辦？

表面上看來，最簡單的方法就是收回你的計劃，向其他人的論點投降。然而，你十分確定某種閱讀能力評量是必需的，因此你準備為你的看法據理力爭。

試著概略敘述你的論點，並且試著回答你同事的反對意見。

建議進一步讀物

Adams, M.J. (1990) *Beginning to Read: Thinking and Learning about Print*, Cambridge. Mass.: MIT Press.

Au, K.H., Mason, J.M. and Scheu, J.A. (1995) *Literacy Instruction Today*, New York: Harper Collins.

Campbell, R. (1995) *Reading in the Early Years Handbook*, Milton Keynes: Open University Press.

Clay, M.M. (1985) *The Early Detection of Reading Difficulties* (3rd edn), Auckland: Heinemann.

Froese, V. (ed.) (1995) *Whole Language: Practice and Theory* (2nd edn), Boston: Allyn and Bacon.

Holdaway, D. (1990) *Independence in Reading* (3rd edn), Portsmouth: Heinemann.

Kemp, M. (1987) *Watching Children Read and Write*, Melbourne: Nelson.

Miller, L. (1995) *Towards Reading: Literacy Development in the Preschool Years*, Buckingham: Open University Press.

Smith, B. (1994) *Through Writing to Reading*, London: Routledge.

Spafford, C. and Grosser, G. (1996) *Dyslexia: Research and Resource Guide*, Boston: Allyn and Bacon.

Tester, B. and Horoch, S. (1995) *Whole Language Phonics*, Melbourne: Longman.

Valencia, S.W., Hiebert, E.H. and Afflerbach, P. (eds) (1994) *Authentic Reading Assessment*, Newark: International Reading Association.

第八章

閱讀：起點

　　教師必須引導學生，透過一連串策略性的活動而學習。如果要學生趕上他有閱讀能力的同儕，教師的直接教學是必需的。只是提供一個豐腴肥沃的閱讀環境，並不能讓有閱讀問題孩子的閱讀能力自然開花結果。

（Kameenui 1993 p.381）

　　在謹慎評估孩子的能力之後，我們應當能夠為孩子設計出適當的療育起點。第八、九兩章，提供了許多幫助孩子的方法，這些方法都可以在普通教室裡的一般閱讀課程中使用。

閱讀前與早期閱讀經驗

　　大部分的孩子，並不需要閱讀前的教學計劃，因為孩子一旦適應了學校生活的各項要求，就已可以開始閱讀教學。然而，對少數孩子來說，尤其是有嚴重智能障礙或認知困難的孩子，提供閱讀前的經驗，讓他們做好學習閱讀的準備，是重要而且必需的。聽力技能訓練、啓發孩子對故事的喜好、增強孩

子對語言形式的熟悉，這都是閱讀前教學方案的重點。事實上，聽與說的語言活動，正是初級閱讀的教學基礎。

當孩子已經進行過文字連結、字圖配對、和字母抄寫等活動，就表示他已經準備好，進入下一個發展階段。我們必須謹記一條金科玉律，那就是活動內容要盡量與孩子目前所需的技能緊密相關。舉例來說，如果孩子需要改善的是視覺辨識技能，那麼我們應該選擇字母與單字的配對活動，而不是圖片與幾何圖形的配對。

形狀認知與視覺辨識

有非常少數的孩子，尤其是視覺障礙或神經系統有問題的孩子，需要改善形狀認知的技能。如果口語能力足夠，而且孩子已經瞭解，紙上的符號即是可讀文字，那麼形狀認知就是接下來要考慮的重要技能。形狀認知技能關係到孩子是否能夠清楚地辨識每一個字母。

如果孩子的形狀認知技能非常糟糕，可以從硬紙板的拼圖開始，讓孩子做簡單的形狀分類配對，並且要孩子不用眼睛，只用手感覺這些形狀。只要孩子能夠將感覺出來的形狀，與紙上的線條圖形連結，我們就能夠讓他嘗試觸摸小的塑膠字母，然後讓他以相同的方式認出紙上的字母來。這項活動可以讓孩子全神貫注，因此效果非常顯著。

其他能夠幫助孩子發展形狀認知的活動包括：用吸管摺形狀、沿著各種形狀的模板描邊、描手形、沿著虛線畫出圖形等等。這些活動，對有視覺障礙或認知問題的幼童而言，非常重要。

視覺辨識的訓練順序如下：

- 圖案配對；
- 形狀配對；
- 類似字母的形狀配對；
- 字母與單字配對。

孩子要從哪個順序切入這項訓練，必須由評量的結果決定。

在認字的初級階段，字圖配對的效果不錯。從雜誌、郵購目錄剪下來的彩色圖片，或是孩子的圖畫作品，都可以拿來利用。我們可以在卡紙上，寫下適當的單字或標題，讓孩子把字與圖配起來。

如果孩子在這方面的發展非常順利，那表示他已經能夠將文字與意義連結。

視覺保留與視覺序列記憶

經過仔細觀察、再以正確順序重述的記憶訓練，對某些孩子來說，十分有幫助。雖然這項訓練可以用圖片進行（例如，牛、房子、男人、球、杯子），不過，字母卡的效果會更好，因為教師將可以要求孩子，把閃示的字母依照正確順序寫下來。這個作法，對孩子的拼字技能與認字技能都有幫助。

無疑地，這個階段最有價值的活動之一，就是造句練習。不論年紀，任何剛開始學習閱讀的人，都應該有機會練習，以單字卡建構並重組有意義的句子。

I		saw		my		Dad		make		spaghetti

　　坎普（Kemp 1987）強力提倡，將這項技能納入評量與教學。孩子建構、重組、變換句子的能力，透露出他的語言能力與記憶單字的能力。

手眼協調與動作控制

　　在幼稚園裡進行的許多活動，如堆積木、剪貼、穿線、描畫、拼圖、和其他遊戲，已經能夠讓大部分的孩子，發展出良好的肌肉協調。只有少數孩子需要花多一點的時間在這些工作上，我們可以給這些孩子一些特別訓練，讓他們能夠做得更好。用大動作在黑板上寫字，是很好的起點，如果孩子的肌肉控制真的很差，教師可以牽著孩子的手，隨著字的筆畫移動，讓孩子感覺肌肉運動的節奏，進而建立正確的動作模式。走迷宮和連連看，是讓孩子從大動作進展至小動作的有效練習。教給肌肉協調有困難的孩子正確的字形，是絕對必要的，尤其對因為腦性麻痺、脊椎開裂、腦水腫、或神經系統功能異常，而造成動作笨拙的孩子。

　　我們偶爾會在學習困難學生身上，發現有左右偏用困擾和方向感拙劣的問題，這些問題通常不是造成孩子學習問題的因素，但卻是暗示著其他重要功能的缺陷。曾經有些教學方案特別強調，在補救孩子的學業技能之前，必須先建立孩子的左右偏用。不過，這類方案效果並不顯著，今日，大部分的教師也不會特意去矯正或改變孩子的左右手偏好。

　　如果孩子的平衡感，和一般的動作協調都很差，教師也許

需要設計一些體育課程（如，單腳跳、走平衡木、接小球等等）。有些學校，會從校外請來專門教授這類課程的老師，來給這些孩子上課，如果要將這些特別活動，融入普通班的教學中，就必須和這位老師維持緊密合作的關係。

反向問題

左右偏用混亂和方向感拙劣，時常會造成「反向」的問題（例如，把字讀反了、數字寫反了），有些孩子，甚至會寫出像是用鏡子反映出來的字。六歲半之前的孩子把p, b, d 和q這些字母搞混是很正常的，我們並不需要在意。不過，如果這個問題一直持續下去，我們就不能忽視了。

如果一個七歲的孩子仍然分不清楚p, b, d, q 或u, n，我們必須給予他運動感覺訓練，讓他為這些字母建立正確的方向感。用手指順著字母筆劃不停地寫，直到孩子完全掌握這些字母，可能是克服這個問題的最佳辦法。首先，我們要讓孩子閉起眼睛，然後引導他慣用手的食指寫「b」，如此重覆數次，而每寫一次就要清楚地讀出b的音。接著，我們增加一些孩子能夠辨識的字母，和b混在一起，引導仍然閉著眼睛的孩子，用食指寫每一個字母，並且要孩子讀出每一個所寫的字母。這麼做的目的，是要加深孩子對容易搞混字母的感覺。

提供孩子其他辨識的技巧，也是有效的做法。例如，我們可以告訴他，小寫的b，就是大寫的B的下半部。在此，我們要強調的是，孩子在學習書寫的早期階段，只要能夠得到正確的指導，許多方向混亂的問題並不難解決。

聽覺訓練

在學習閱讀的過程中，聽覺技能扮演了重要的角色。在建立了基本的目視字彙之後，如果希望孩子在認字、閱讀方面有所進步的話，就必須依賴語音解碼技能的發展。如我們先前所述，語音技能要發展的話，孩子就得有足夠的聽覺辨識、聽覺分析、和混合音素能力。這些能力也與拼字能力息息相關。

在教導孩子閱讀之前，並不需要特別做聽覺訓練，除非孩子的聽覺認知有明顯的缺陷，或者孩子因聽力損失必須接受訓練，以加強對殘存聽力的使用能力。通常，聽覺訓練可以在孩子學習基本的語音知識時進行，因為許多教導語音知識的活動，同時也會提供聽力技能的訓練。

聽覺訓練的主要目的是，加強孩子對發音模式的認知。而最重要的三個聽覺作用分別為：聽覺辨識、聽覺分析、與混合音素。

聽覺辨識

利用彩色圖片，進行需要聽覺辨視的遊戲，是很有效的方法，我們可以將發音近似的兩張圖片（例如，pear 的圖片和bear的圖片。 three的圖片和 tree的圖片）擺在一起，要孩子快速碰觸我們所說那個字的圖片。在玩過這類遊戲之後，我們可以要求孩子，對著錄音機清楚地讀出每一個字，然後再讓他聽聽自己的發音，如此不僅做了聽覺辨識，也同時做到發音練習。

「哪裡不一樣？」是深受學生歡迎的遊戲（例如，sand,

hand, feet, land,和band；boy, bag, hand, 和band），至於較年幼的孩子，我們可以玩一些只需辨識字首發音的遊戲。

聽覺分析

上面所列的遊戲，已經包含了簡單的聽覺分析。譬如，要學生練習抽取出單字字首的發音。我們可以延伸這類遊戲，要學生聽辨出字尾發音（例如，「請找出與snake字尾發音相同的字。」學生可選擇的單字圖片有rake, bucket, cake, ball）。

聽覺分析，可經由單字發音的分解做起，讓孩子逐步熟悉，進而完全掌握此技能。例如，「這個圖片是什麼，傑克？是的，很好。是一隻frog。我們來聽聽frog這個字。讓我們一個音一個音慢慢唸。FR-O-G。你來試試看。」這項活動屬於聽力，而不是閱讀。

混合音素

我們必須常常鼓勵孩子做拼音練習，玩遊戲、說故事都是很好的方式。例如，在讀下列故事時：'The boy came to the wall. He couldn't get over. The door was st-u-ck...'，孩子必須設法讀出這個字，才能接續故事情節。在初級的造字練習中（由子音-母音-子音所組成的簡單單字），也需要用到混音技能。教師必須注意孩子在這方面的表現，適時幫助有困難的孩子。不但因為這是孩子學習閱讀時，不可或缺的技能，而且也是因為只要教師悉心教導，孩子就能夠學習得很好。

音韻知識與閱讀進展

　　音韻知識，不僅對語音解碼技能的發展非常重要，同時對快速認字也有直接的幫助。研究顯示，孩子的音韻知識可透過訓練加強，而此訓練可加在他們的閱讀教學中或分離出來執行。

　　有人建議，應該從幼稚園開始，就常常讓幼兒做一些能夠增強孩子語音知覺的活動。例如，要孩子隨著音節拍手，要孩子隨著句子的字數拍手等。也可以進行一些需要孩子練習音素混合的遊戲。

　　在大部分的訓練方案中，都會包含以下這六個項目：

- 押韻：童謠的聽與說，找出押韻字，練習說出與某個字押韻的字；
- 押頭韻：'the greedy green gremlins are grinning'，'Hannah's house is high on the hill'；
- 混音：將單音拼成音節，並將音節拼成單字；
- 分解：將句子拆解成單字，單字拆解成音節，音節拆解成單音；
- 分離：辨識出單字的字首、字尾、和中間的音；
- 替換：用不同的音，代換原來字首的音，以產生新的字，例如，'pet' 變成 'met'，'lost' 變成 'cost'。

　　歐森（Olson 1990）認為，全語言教學法的優點之一是，它從初級開始，就非常強調寫作。他們利用孩子創造出來的拼

音，幫助孩子發展音韻知識，也幫助孩子瞭解字母原則。孩子在嘗試寫作時，創造出來的拼音，透露出他們音韻知識發展的程度。

孩子嘗試寫作的過程，也間接地幫助了語音分解的發展，因為當孩子要拼出某個單字時，他必須把注意力集中在字的發音上，以拼出字母順序正確的字來。

概括而言，近幾年的研究證實，學習閱讀方面的困難，與音韻知識方面的問題相關性較高，而與視覺方面的問題相關較弱。聽障學生，和其他與聽力相關的學習障礙學生，由於難以進入語言的語音世界，顯然正是閱讀困難的高風險群。對這些學生來說，強調視覺的教學方法，會比較有用，例如用字卡。以明確教學，教導這些孩子認字與閱讀理解等方面的自助策略，也非常重要。

實作演練：為障礙學生擬計劃

說說看，你會利用哪些方法和資源，來教一個剛開始學習閱讀的輕度智障低年級學生。

說說看，你要如何將這些活動，融入普通班的教學之中。

選擇教學方式

假設學習者已經具備必要的入門技能，如足夠的視覺辨

識、音韻知識等等，我們可以開始使用兩種補救教學：書籍分
享和語言經驗教學。雖然這兩種教學與語言習得、閱讀技能發
展的現代理論，並行不悖。但是我們在使用這兩種補救教學
時，仍必須注意課程的組織結構。

書籍分享教學

此類教學，深受紐西蘭教育家－唐‧侯德威（1982，1990）
的影響。

在書籍分享教學中，教師必須準備一本大的故事書，讓全
班學生都能看見，而孩子經由聽教師說故事，而享受到閱讀的
樂趣。侯德威認為，教師所準備的書籍，必須要在十呎遠的距
離，仍有充足的視覺效果，就像孩子把書放在膝上閱讀一樣。
童話故事、童詩、童謠，都是孩子喜愛的閱讀材料，非常適合
早期階段的閱讀學習者。孩子將會在自然的情況下，逐漸熟悉
故事書裡的語言模式，而教師說故事的投入態度，也會吸引所
有孩子的注意力。教師在說故事的時候，可以適時地教孩子認
字和解碼技能。此時，巨幅的書頁就成了最佳教具。例如，教
師可以用手把一個字遮起來，要孩子們猜猜這會是什麼字，這
類活動可以幫助孩子，自然地發展出對文章脈絡的知覺，以及
對語言模式的熟悉。教師還可以只遮住字的一部分，讓孩子從
字首或字尾的線索來猜答案。

值得注意的是，書籍分享教學必須依循有效教學的所有基
本原則，尤其必須著重教師示範、學生積極參與及有效練習。
侯德威認為，睡前故事對孩子的閱讀發展有重大的影響力，我
們希望書籍分享教學也有同樣的效果。在眾多初級閱讀教學法

中，書籍分享教學明顯優於其他方法，而且這種教學能夠讓所有的孩子，對閱讀產生非常正面的態度。

語言經驗教學

語言經驗教學，利用孩子自己的語言，生產出分量經過謹慎控制的閱讀材料，我們也可以將其視為一種「口述故事」的教學法。對學習遲緩者或閱讀困難者來說，此教學方式有兩大優點。其一，閱讀與寫作的材料，可以依照孩子的興趣發展出來，再者，教師可以一直在孩子當下的語言能力範圍內，進行教學工作。這對語言發展遠遠落後的孩子來說，是相當有利的，而以這種方式產生出來的閱讀材料，通常都與孩子熟悉的事物有關，並且能夠提高孩子的學習慾望。

對年幼的或能力非常有限的孩子，語言經驗教學，可以從最簡單的看圖說話開始。例如，教師可以利用孩子的圖畫作品，請孩子為作品下標題。孩子也許會說「這是我家小貓，咪咪」，或者「騎腳踏車，我最快」。然後，教師每天要花幾分鐘的時間，和這個孩子一起唸誦這些句子，並且做些修正。在這個階段，不需要把注意力放在個別的字母或單字上。而且，教師還可以鼓勵孩子，利用單字卡造句。

在這個早期階段，教師可以幫助孩子，在戶外教學活動之後，造出一些句子來，然後在班上學生自繪的戶外教學地圖上，加進每個孩子自己的句子。此時，教師仍然不需要分析，或練習這些句子，只要讓孩子知道，他造的句子會被寫下來即可。

經過幾週的準備工作，孩子已經準備好製作他的第一本

書。教師必須謹慎地選擇一個主題，例如「速度比賽」，然後提示圖片，請孩子為書本的第一頁，寫下一個句子。也許教師提供的圖片，正是孩子最喜歡的賽車手，在討論之後，教師和學生共同決定了可以寫在圖片下的句子：「他是賽車手，小黑。」 接著，教師幫孩子寫下這個句子，然後請孩子在教師所寫的句子下，仔細地謄寫一遍。如果這個孩子因動作協調方面的問題，而無法抄寫，教師可以讓他用彩色鉛筆或蠟筆，沿著教師所寫的字描畫一次。在一起朗讀這個句子一、兩次之後，教師教導孩子，把圖片小心地黏貼在書上。為了幫助孩子製作出一本乾淨清爽的書籍，有些孩子在貼圖時，需要教師從旁協助指導。

第二天，教師要準備一張寫著相同句子的字卡給孩子看，在不提示的狀況下，鼓勵孩子讀一讀這些字。當然，孩子可能會忘記某些字詞，也可能需要教師做簡短的修正。然後，教師給孩子一點時間，讓孩子把字卡上的單字一個一個剪下來。之後，教師將句子剪開，把單字散放在桌上，請孩子按正確順序重新排列句子。如果孩子排列錯誤，教師必須讓他花一點時間，對照著書上的原句練習排列，直到他能夠正確無誤地排列為止。之後，教師可以開始訓練孩子認單字，教師先將單字卡弄亂，隨意抽取一張，並要孩子讀出字來，結果必須讓孩子認出每一個獨立出現的單字。然後，教師可以把這幾張單字卡，裝在信封裡，釘在書的背面，以便於隔日使用。

接下來一個星期，孩子在教師的指引下，每天製作一頁書。每天複習前一天的單字，可以確保孩子在不斷重覆及過度學習之下，完全掌握這些字。教師必須謹慎控制每天所造的句子，確定孩子不會負擔過重，以免導致學習失敗。

　　當孩子掌握了重要的基本單字之後，可以進入檢核階段。
McNally & Murray's Key Words to Literacy或是the Dolch sight
vocabulary都是非常適合的字彙難度檢核工具。這類檢核表可
以讓孩子看到自己的進步，也能夠讓教師清楚地掌握孩子的學
習進度。對有問題的單字，教師可以利用遊戲和其他活動來加
強學習，直到孩子精熟爲止。教師可以依照孩子的進步情形，
逐漸增加每天的書寫量，幾個月後，孩子就會愈來愈有能力造
出自己的句子。雖然，這個過程似乎漫長且沉悶，然而這種嚴
謹的教學方法，卻最能夠讓閱讀困難學生的閱讀能力得到改
善。

　　在語言經驗教學的過程中，教師必須適時地幫助孩子，擴
展他的解字技能。例如，也許孩子在寫關於賽車的文章時，需
要用到「crash」這個單字，教師就可以利用這個機會教給孩子
，「cr」這組常見的混音（crab, crook, cross, cry, etc.），當然也
可以練習「ash」字串（b-ash, d-ash, c-ash, r-ash, etc.）。這類既
與孩子的寫作相關，又能適時穿插在教學中的單字學習，是非
常重要的，但光是這樣，還不足以幫助孩子，發展出完整的解
字技能。某些學生，就是需要教師明確地教導整套的解字、拼
音技能。

　　個別化的語言經驗教學，與全班性的書籍分享教學，顯然
是可以並行的，當孩子從語言經驗教學得到良好的起步之後，
教師就可以爲他愼選一本「眞正的」書。在孩子面對這樣的轉
變之前，教師必須幫助孩子做好準備，最好書中大部分的單字
都是孩子已經認得的。

　　語言經驗教學的基本原則，同樣適用於不識字的成人，與
學習英文作爲第二語言的人（Wales 1994）。

視覺主題教學

傑克森（Jackson 1987）從語言經驗教學，變化出另一種嚴謹的教學方法，他稱之爲「視覺主題教學」。首先，教師必須提供孩子一張內容豐富的圖片，讓孩子不需太多想像力，就能夠從圖片建構出一個故事。傑克森發現，雜誌或報紙上精彩的卡通圖片，正是非常好用的材料，他並且建議教師，鼓勵孩子自己尋找適合的圖片帶到學校來。以下就是視覺主題教學的大概步驟。

孩子拿到圖片後，要先將圖片黏貼在硬紙板上，並且在硬紙板的一角，貼上一個信封袋。這個信封袋的用途是，安放孩子想到的，所有可以用來形容這張圖片的單字卡。接著，教師發給孩子一張紙，要孩子把紙張劃分成三大欄，分別在每一欄的最上方寫上「名詞」、「形容詞」、「動詞」，然後要孩子試著在每一欄裡，至少填入六個單字。這麼一來，孩子至少已經擁有十八個與圖片相關的字彙了。在孩子填完單字之後，教師要讓孩子把單字寫在小卡片上，這就是要放進信封的字卡。於是，孩子就擁有了自己的「圖庫」和「字庫」。在這過程中，教師必須時時檢查，孩子所填的單字是否正確，也可以順便測試孩子記得多少這些單字。此外，教師還可適時地讓孩子練習拼音。

接下來的步驟是，要孩子針對這張圖片，提出可能的問題，並請孩子寫出故事，同時決定標題。之後，孩子和教師一起朗讀這個故事，並且做必要的改正。改正之後，教師必須要求孩子重新繕寫一遍（或打字），然後把故事黏貼在單字欄

旁。這樣的教學，每週至少要進行一次，不同的故事都可以相同形式進行。

　　傑克森的著作（Discipline: An Approach for Teachers and Parents）中，對於如何個別教導有嚴重閱讀困難的學生，提供了十分有效的建議。

實作演練：選擇一種教學方法

　　從上述的三種教學方法中，挑選一種，討論你所挑選的教學方法，如何納入以全語言教學法為基礎的語言課程中。

恢復閱讀

　　「恢復閱讀」是一種早期療育方案，最早是由紐西蘭（Clay 1985）發展出來，現在則盛行於北美、英國、與澳洲。其對象是，入學一年後，被教師評定為有閱讀困難的孩子。這些孩子將接受一對一的加強教學，持續大約十五週，或是直到他們趕上全班的平均水準為止（De Ford 1991）。此療育方案的目的，在於希望能真正減少閱讀困難孩子的人數。

　　由數據來看，恢復閱讀方案確實能夠有效地提升孩子的閱讀成就和信心（Trethowan, Harvey, & Fraser 1996）。有人甚至宣稱，經過恢復閱讀療育後，只有百分之一的孩子，在閱讀寫作方面需要更進一步的協助（Clay 1990）。不過，也有些人質

疑這種說法，據他們觀察，孩子由此療育方案獲得的進步，並非維持不墜（Chapman & Tunmer 1991）。也有觀察指出，孩子從恢復閱讀方案得到進步之後，在課堂上的表現不見得比以前更好，部分原因是，一般課程所提供的閱讀材料，並不適合這個孩子的閱讀能力（Wheldall, Centre & Freeman 1993）。

典型的恢復閱讀方案教學課程包括七大活動：

‧重覆閱讀熟悉的書本；
‧獨立閱讀前一天教過的書；
‧認字活動；
‧書寫口述的，或事先準備好的故事；
‧造句和句子重組；
‧介紹新書；
‧引導閱讀新書。

為使恢復閱讀方案成功，教師必須謹慎地挑選閱讀材料。重覆閱讀熟悉的故事，也可以建立孩子的閱讀信心。教師在指導孩子時，不要忘記訓練孩子的語音技能，因為有研究指出，接受恢復閱讀方案教學的孩子，如果同時得到語音技能訓練，他們的進步會更快速。

實施恢復閱讀方案最明顯的障礙是，必須找到時間和適當的人材，來為這些學生提供每天的加強教學。

關於恢復閱讀方案的細節，可以參考克雷（Clay 1985）的著作－「早期發現閱讀困難」（The Early Detection of Reading Difficulties）。

學習障礙學生需要不同的教學方法嗎？

一般而言，教導閱讀障礙孩子閱讀，並不需要全然不同的教學方法。我們在第一章提過，這些孩子最需要的是結構清楚的有效教學，也就是教師在教導閱讀時，必須著重在閱讀寫作的功能性，同時必須強調適當策略的學習。學習障礙孩子需要的教學方法，與一般孩子沒有什麼不同。只是，教師在教導障礙孩子時，必須更為明確，尤其需要注重下列事宜。

- 必須讓閱讀、寫作、與拼音等技能，與真實生活產生關聯。有嚴重閱讀問題的孩子，在接受個別指導時的可能風險是，療育方案的內容過於支離破碎。教師在幫助孩子發展個別的語文技能時，必須賦予這些技能真實的意義。
- 多數的閱讀困難孩子，都能從語言結構的教學中獲益（例如，教他們「音節」和「字首」的涵義等等）。必須讓這些孩子瞭解，口語、閱讀、和寫作是密切相關的。
- 嚴謹的語言經驗教學，非常適合用來教導學習障礙學生。
- 利用策略訓練，來幫助孩子掌握閱讀與寫作技能。當孩子在學習更高難度的閱讀技能時，如閱讀理解，這種訓練尤其重要（Butler 1995; Dole, Brown & Trathen 1996）。

- 必須著重語音解碼技能的系統化教學（也就是教孩子字母發音、拼音等技能），有些學生也許需要加強音韻知識。
- 多重感官的教學方法似乎能夠幫學習障礙學生掌握某些技能，如字母與聲音之間的一致性、目視字彙等。
- 必須慎選適合孩子目前能力和興趣的閱讀材料，有些學習障礙學生偏好基礎閱讀課程的書籍（Reetz & Hoover 1992），這倒是有利於教師掌控閱讀材料的困難度。
- 教師不要一次給太多東西。教師必須依照每個學生的學習狀況，給予適量的學習內容，避免讓孩子感到疲乏或沮喪。不過，規律而密集的練習是必要的，而教學的最終目標是，提高孩子的學習效率。
- 必須時常複習先前教過的技能或概念，不斷的重覆與過度的學習，是促使這些孩子進步的關鍵。

摘要

　　本章的重點是，學習困難或學習障礙學生所需的閱讀前和早期閱讀經驗。我們也要說明，並非所有學生都需要閱讀前的準備活動。

　　我們特別強調聽覺訓練的重要性，因為有許多研究證實，音韻知識是早期閱讀成功的必要條件。如果孩子的語音技能非常糟糕，透過明確教學可以讓孩子的技能獲得重大改善。

　　我們也詳細地描述了幾種初級閱讀教學法，一般而言，大部分的閱讀補救教學，與一般的閱讀教學並無太大不同。教師

只要將一般的教學課程以更嚴謹、更明確、更有效的方式教給
孩子，有特殊需求的孩子就可因此獲益良多。如果可能的話，
我們建議採用一對一的教學方式。然而，由於有些孩子的學習
困難非常嚴重，或著對閱讀抱持非常負面的態度，這些孩子因
此需要完全不同的教學方式。我們將在下一章，討論如何教導
這些孩子。

討論

· 回顧本章所述的教學方法，哪一種教學方法最適合你目前面
  臨的教學狀況？
· 你如何開始教一個來自非英語系國家、口語能力有限的孩子
  閱讀？

建議進一步讀物

Beimiller, A. (1994) 'Some observations on beginning reading instruction', *Educational Psychologist* 29, 4: 203–9.
Beveridge, M., Reed, M. and Webster, A. (1996) *Managing the Literacy Curriculum*, London: Routledge.
Blachman, B.A. (1991) 'Early intervention for children's reading problems', *Topics in Language Disorders* 12, 1: 51–65.
Cunningham, P.M. (1995) *Phonics They Use*, New York: Harper Collins.
Cunningham, P.M. and Allington, R.L. (1994) *Classrooms that Work: They Can All Read and Write*, New York: Harper Collins.
Funnell, E. and Stuart, M. (1995) *Learning to Read*, Oxford: Blackwell.
Glazer, S.M. and Burke, E.M. (1994) *An Integrated Approach to Early Literacy*, Boston: Allyn and Bacon.
Heilman, A. (1993) *Phonics in Proper Perspective* (7th edn), Columbus: Merrill.
Owens, P. and Pumfrey, P.D. (eds) (1995) *Children Learning to Read: International Concerns. Volume 1: Emergent and Developing Reading*, London: Falmer.
Reason, R. and Boote, R. (1994) *Helping Children with Reading and Spelling*,

London: Routledge.

Stuart, M. (1995) 'Prediction and qualitative assessment of five and six-year-old children's reading: a longitudinal study', *British Journal of Educational Psychology* 65: 287–96.

Wagner, R.K., Torgesen, J.K. and Rashotte, C.A. (1994) 'Development of reading-related phonological processing abilities', *Developmental Psychology* 30, 1: 73–87.

第九章

閱讀：更多的教學技巧和資源

> 良好的教師，會懂得採取折衷的教學方式，以順應孩子的需求，並使孩子的語言和閱讀能力得到良好的發展。
>
> （Mather 1992 p.92）

前一章提到的教學方法，都能夠有效地幫助學生，在學習閱讀時獲得初步的進步。本章將提供更多教學技巧，讓一般的教學課程變得更豐富有趣、更能激發孩子的學習慾望，也讓需要更多幫助的孩子得到更多的練習機會。

本章的最後一節，將討論如何改善學生的閱讀理解技能。

明確教導字母發音

許多研究清楚地告訴我們，幫助幼童發展更好的語音技能是早期閱讀成功的必要條件（Torgesen, Wagner & Rashotte 1994; Ayers 1995; McGuiness, McGuiness & Donohue 1995）。明確教學，是讓語音訓練發揮最大功能的不二法門，而訓練活動，必須進行到孩子已徹底瞭解語音和字母之間的關聯為止。

　　一般而言，語音知識和解碼技能不該分離出來單獨教授。許多重要的發音原則，可以從孩子日常的閱讀和寫作經驗中建立起來。例如，有一群孩子想寫卡片給他們正住院的朋友，那麼，教師就可以利用這個機會，引導孩子練習拼音。「Sam要怎麼拼呢？我們一個音一個音慢慢唸。SSS-AA-MMM。」這時教師就可以幫助孩子，寫下與每個發音對應的字母。「接著我們寫，We miss you。we 要怎麼拼呢？/ W/ - / EEE /。對了，是 w-e。miss 呢？誰可以告訴我miss是什麼字母開頭的？很好！/ MMM /。然後，/ I-I / - / SSS /。對了，m-i-s-s。」許多重要的語音知識，就是在這種書寫過程中，自然而然地學會的。書籍分享教學、童謠、童詩、和許多的文字遊戲，都是幫助孩子在輕鬆自然的狀況下，學習語音知識的途徑。

　　許多學習狀況良好的幼童，只需要這種非正式的語音教學，就可以掌握語音技能。但是，對有學習問題的學生來說，教師不能只提供這樣的教學。除了這種隨機的、非正式的教學之外，許多學習困難學生需要更直接的教導。他們也需要系統化地練習並應用這些技能。許多研究發現，至少有百分之三十的學生，在學習閱讀與寫作的早期階段，需要教師明確地教導語音原則。

字母與發音

　　字母發音，通常可以穿插在孩子正在使用的閱讀寫作材料中一起教學，不需要刻意按照字母排列順序。不過，教師在教導有學習問題的孩子時，以某種邏輯順序，系統化地教導字母與發音之間的相關性，是比較有幫助的做法。

　　侯德威（Holdaway 1990）建議，教師在開始時，要選擇對比強烈的音，如 /m/、/k/、/v/，並避免容易混淆的音，如 /m/ 與 /n/ 或 /p/ 與 /b/。在孩子剛開始學發音時，這種做法確實有其必要。選擇發音最一致的字母先教，也是很好的做法，如 j、k、l、m、n、p、b、h、r、v、w 這些字母，不論在其後的字母是什麼，都不會影響它們的發音。

　　有許多教學活動，可以增強孩子辨識字母發音的能力。例如，當孩子對發音有了初步的概念之後，教師就可以開始讓孩子製作自己的圖畫字典。每頁一個字母，孩子可以在每一頁貼或畫以這個字母開頭的物品，如在 『T』這一頁，孩子可以畫上桌子（table）、樹（tree）、和三輪車（tricycle）。也可以製作以起首字母爲主的各種字彙表：
例如：

　　小朋友的名字：Madelaine, Michelle, Martin, Mark, Mary, Michael

　　動物和鳥類：parrot, penguin, pig, python, platypus

　　相較於子音，母音的發音原則就顯得複雜多變。在學會最基本的母音發音之後（如 apple 的 /a/，egg 的 /e/，ink 的 /i/，orange 的 /o/，up 的 /u/），其餘的變化最好是在孩子學習新字時，以字串的方式教導（例如，-ar-、-aw-、-ie-、-ee-、-ea-、-ai- 等等）。

　　能力較差的孩子，很可能需要更多的練習，才能熟悉所有的字母發音。教師可以透過遊戲、童謠、兒歌等方式，來達到這個目的，而不是一味地做枯燥乏味的練習。說故事也是很好的方法，英國一位極富想像力的教師，發展出一套名爲

'Letterland'的故事集，孩子透過生動活潑的故事內容，很容易就可以建立符號與聲音的連結。

其他還有許多專門為教發音而設計的教材，如Alpha-Phonics（Blumenfeld 1991）、Jolly phonics（Jolly 1992）、Phonics in Proper Perspective（Heilman 1993）等，都是非常成功的教學工具。

建構單字

在孩子學會基本的母音發音與部份子音之後，教師就應該開始進行簡單的單字建構與混音。例如，把 /a/ 加上 /m/ = am、/a/ 加 /t/ = at、/o/ 加 /n/ = on、/u/ 加 /p/ = up 等等。除了唸誦之外，教師也應該教孩子聽寫這些簡單的字。這個工作聽起來似乎很簡單，但是對許多有學習困難的孩子來說，這通常是他們第一次，將口說語言與文字具體地連結起來。及早讓孩子認知字母與語音之間的關係，是非常重要的，孩子只要有足夠的視覺辨識技能，和音韻知覺，就能夠進行這樣的學習（Mauer & Kamhi 1996）。

理解「起首音」、「同音節」等概念的能力，也是在學習閱讀與拼字方面，能夠有所進展的重要環節（Adams 1990, Gunning 1995）。我們可以將單音節的字劃分為起首音（onset）再加上韻（rime，由母音及其後的子音組成的單位）。例如，dog = 起首音 /d/ + 韻 /og/；shop = 起首音 /sh/ + 韻 /op/。我們稱為「韻」的單位，也有人稱之為「同音節」。

有許多活動可以讓孩子練習、掌握單音節的字，例如，給一個起首音加上不同的韻，以造出新的單字。

t：-ag, -en, -ub, -op, -ip, -ap

s：-ad, -ix, -un, -it, -ob, -et

c：-up, -ot, -ap, -an, -ub,

也可以特別練習尾音：

d：da-, ha-, be-, fe-, ki-, ri-, ro-, po-,

g：sa-, be-, le-, pi-, di-, ho-, lo-, ru-, tu-,

還應該讓孩子練習子音-母音-子音（CVC）這種形式的單字中的母音：

a：r-g, b-t, t-p, b-d, c-n

e：t-n, p-g, n-t, f-d, g-m

i：p-n, b-t, b-d, r-g

研究發現，如果教師鼓勵孩子連續而快速地發出每個音，而非在音與音之間停頓，那麼孩子的混音能力反而會明顯改善。音與音之間的停頓，只會造成發音困難，如果孩子有這方面的問題，直接訓練此技能，可以有效改善孩子的表現。

教師可以將這種簡單的單字建構活動慢慢延伸，逐漸教給孩子兩字一音（如，sh, ch, th, wh, ph,等等），和混音（二或三個子音形成一個發音單位，如 br, cl, sw, st, str, scr, 等等）。

sw：-im, -ing, -ell, -eep

ch：-eer, -in, -op, -urch

ck：ba-, de-, ro-, du-

若希望孩子能在最短時間內，學會拼讀不熟悉的字，教師

就必須提供孩子機會，練習較長而複雜的字串，如 -and, -age, -eed, -ide, -ight, -ound, -own, -tion, 等等。

我們必須牢記，所有的單字建構活動，都必須有其閱讀與寫作的實際需求，不該反而取代閱讀與寫作，成為教學的目的。舉例來說，教給孩子的字串或混音，應該取材自孩子日常寫作，或書籍分享教學時遇見的字。如史達爾（Stahl 1992）所說：「好的發音教學，應該幫助孩子掌握單字中的發音模式。」

塑膠字母

在教導閱讀初學者時，塑膠字母正是便宜且實用的教具。許多年來，利用塑膠字母教閱讀困難學生拼音及建構單字，一直有不錯的成效。傑克森（Jackson 1991）甚至將塑膠字母，列為教導嚴重閱讀障礙學生不可或缺的重要工具。利用塑膠字母練習拼音、建構單字，可以讓孩子清楚地看到如何代換字母而形成新的單字，並得到不同的發音。這種具體過程，可以加深孩子對單字結構的印象，也可以讓孩子更瞭解聲音與符號的關聯。

利用塑膠字母教學，比單純使用聽、寫教學多了一份有形且具體的感覺，這不僅能夠幫助某些學生學得更好，也能為教學增添不同的趣味。

建立目視字彙（sight vocabulary）

孩子有必要建立一套過目就能認出的單字庫。一般而言，孩子的目視字彙，是經由日常的閱讀寫作而自然累積的結果。出現頻率愈高的單字，就愈能保留在孩子的長期記憶中。

有些學生，特別是那些有閱讀困難的孩子，也許需要更有系統地學習、練習目視字彙。單字閃示卡，在這裡可以發揮很大的效果。玩遊戲、或進行其他讀誦閃示卡上單字的活動，可以幫助孩子，在不知不覺中不斷重覆練習閃示卡上的重要單字。孩子的目視字彙愈豐富，就愈能夠快速而流暢地閱讀文章。

教師會常常發現，有些孩子總是今天認得的字，隔天就忘得一乾二淨。關於新知識習得的理論，正可以解釋這個現象：新的訊息在第一次出現時，並不是全部都能被學習者消化吸收。想要建構某種關聯性（如字母與語音的連結）的學習者，必須經歷兩個不同階段。第一個階段是，當教師高聲讀出某個字時，孩子要能夠辨識這個字。教師可以把字卡散放在桌上，請孩子指出聽到的單字，藉此判斷孩子是否能夠辨識。第二個階段是，孩子必須具備從長期記憶喚出這個字的能力。教師可以要孩子讀出字卡上的單字，藉此判斷孩子是否記住了。有學習困難的孩子，通常在第一階段時，需要比教師估計的量還要多的練習（語音與符號連結），因此，他們常常在尚未充分掌握語音與符號的關係之前，就被要求從記憶中喚起這些字。尚未將資訊儲存妥當的學習者，怎麼可能從記憶中喚出這些資訊

呢？

由於基本目視字彙對早期閱讀發展的重要性，因此，許多學者都建立了常見字彙表。以下是最常出現的五十個基本單字：

a I in is it of the to on and he she was are had him his her am but we not
yes no all said my they with you for big if so did get boy as at an come do
got girl go us from little when look

其他出現頻率高，而初級閱讀者常常搞混的單字包括：

were where when went with want which will
here there their they them then

更多的教學技巧和資源

遊戲和教具

幾乎所有的閱讀治療相關書籍，都會大力鼓勵教師，利用遊戲和教具來教學。因為遊戲與教具能夠讓孩子在充滿趣味的活動中，不厭其煩地重覆，並過度學習重要的技能。對學習能力較差，或缺乏學習動機的孩子來說，重覆練習是必要的，而遊戲與教具這些所謂「不具威脅性」的方法，正是提供孩子重

覆練習的最佳方式。

　　無疑地，設計良好的遊戲與教具，具有重要的教學功能。然而，玩遊戲或使用教具，都必須要有一個明確的目的，即是符合孩子真正的學習需求。有些教師，常常只是為了讓孩子高興，或是為了讓孩子有事做而玩遊戲。也許有人認為這種做法也具治療意義，但我們很難發掘其間的教育意義。有人以小學二、三年級的學生為對象，研究結果發現，不當地運用教具和遊戲，對孩子的閱讀和算術有不利的影響（Baker, Herman & Yeh 1981）。

　　孩子在玩遊戲或使用教具時，有成人在一旁監看也是非常重要的。因為我們不希望孩子無謂的浪費時間，也不希望孩子錯誤地使用教具。

多重感官教學

　　一提起多重感官教學，就會讓人想起Fernald, Gillingham, Stillman和Orton等人。他們提倡的多重感官教學法，就是要盡可能地利用各種管道，將訊息輸入孩子的大腦。這種教學法，通常會讓學習者在寫字時，不但跟著聽、說，並且看到這個字。

　　多重感官教學，包括下列四個階段：

・首先，由學習者自行挑選想學的單字。教師將這個單字寫在字卡上後，教導孩子以手指描繪字形，並讀出每個音節。教師必須不斷重覆這個步驟，直到孩子覺得已經能自行憑記憶寫出這個字為止。一旦孩子已能掌握這個

新字，教師就可以收起字卡，留待日後使用。在孩子學會足夠單字後，可以用這些字卡，進行簡單的造句活動。

· 第二階段，不再使用手指描寫字形，而是鼓勵孩子先用眼睛觀察、研究字形，再憑著視覺記憶寫出單字。這個階段將會改善孩子的視覺影像能力，因此可用在不規則單字的拼音教學上。教師仍應保存這些單字卡，以便時常複習。

· 第三階段將繼續發展視覺觀察技能，並且鼓勵孩子以更快的速度記住單字、寫出單字。字卡只用在孩子覺得困難的單字上。在這個階段，孩子也要開始嘗試閱讀教師準備的新教材。

· 最後一個階段，孩子幾乎已經具備獨立的閱讀技能，對單字結構已經有了歸納性的理解，也學會利用上下文的線索進行閱讀。

多重感官教學，即是利用視覺、聽覺、運動感覺、以及觸覺的教學方法（VAKT），經由多重感官的刺激，孩子的大腦將會統合所見與所聞。即使其他教學方法不管用，教師仍可藉由多重感官教學完成教學目標，因為多重感官教學會讓學習者更專注於學習工作上。不論原因為何，這種結合視覺、聽覺、觸覺、和動作的教學方法，確實能夠增強孩子的學習成效。雖然此種教學法顯然較適合年幼學童，不過，在一對一的教學場合下，此教學法也適用於較大的孩子。

卡柏（Carbo 1996）建議，教師們在選擇教學方法時，最好順應學生偏好的學習模式。對某些學生來說，強調音韻知識

和語音技能的教學，可能無法得到足夠成效，他們需要的，很可能正是強調視覺記憶的教學。多重感官教學，確實能夠讓某些學生得到重要的學習進步。不過，這種教學法適用於一對一的個別教學，並不適合在大班級中使用。

投影機

利用投影機來教導閱讀和拼音，可以得到良好的視覺效果。許多教師會自製投影片，並且利用色彩來增強、突顯主題。

錄放音機

錄放音機也是非常有用的閱讀補救教學工具。教師可以在上課之前，錄下孩子們喜歡的故事，在上課時讓孩子對照著書本，一邊聽故事一邊閱讀。也可以利用錄放音機，進行發音與拼音的練習，或閱讀理解的活動。

利用錄放音機播放孩子喜歡的歌曲，也非常有效。孩子會愉快且不厭其煩地一聽再聽，教師可以為孩子準備歌詞，讓孩子在聽的同時，能夠閱讀歌詞一起歌唱。之後，教師可以關掉音樂，讓孩子讀一讀歌詞，並以閃示卡加深孩子對特定關鍵字的記憶。

四格漫畫

利用兒童漫畫和卡通圖片作為初級閱讀教材，可引發孩子

的興趣，並激發孩子的學習慾望。

教師可以讓孩子自行挑選四格漫畫，並請他們將漫畫分格剪下後，貼在A4大小紙張的上半部。在孩子完成後，教師指導孩子看圖說故事，並協助孩子在圖片下方寫上句子後，先由教師讀給孩子聽，再要求孩子讀給教師聽。最後，可以將這些紙裝訂起來，並且製作封面。這可以讓孩子們彼此分享、交換自己的迷你故事書。

教師在幫孩子寫下口述的故事時，可以利用機會讓孩子練習拼音。某些特別困難但重要的字，必須寫在單字卡上，以加強練習。當孩子學習到某個階段，教師就可以讓孩子自行把故事繕寫在自己的書上。經過這樣的練習，孩子將逐漸能夠獨立工作，愈來愈不需要成人的協助。

教師在利用四格漫畫和卡通圖片做教材時，還可以用修正液把圖片中的對白塗掉，然後和孩子一起討論這些人物的可能對白。接下來，再幫助孩子寫下字句。寫好之後，可以讓孩子唸給其他孩子聽。

字謎教學法

用圖畫或符號代替某個字的教學方式，我們稱之為「字謎」教學法。用圖畫或符號代替困難的名詞或概念，會讓孩子感覺自己已有某種程度的閱讀理解能力。我們來舉一個簡單的例子，說明字謎教學的做法。

這種教學方式，可以讓學習者在學習閱讀的初期階段獲得自信，並且不會讓字彙限制了故事的發展。

字謎還可以用在分組活動上，讓每組學生創造他們自己的

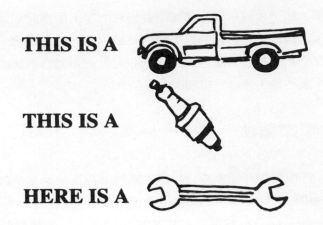

圖三 字謎教學

圖四 字謎教學應用之一例

故事，孩子可以巾圖畫代替不會拼寫的字，故事完成之後，教師可以請孩子將自創的故事讀給其他人聽。這種做法，讓各種程度的孩子都能貢獻自己的一分心力，正是融合教學的最佳範例。圖四是小學生分組創作的成果。

加深印象法

在使用加深印象法時，學生與教師以正常速度一起朗讀，在閱讀的過程中，學生同時用食指跟讀書上的字。

如果孩子已經發展了某些認字技能，但閱讀仍然不夠流暢，加深印象法最能發揮功用。專家建議，教師每次與孩子一起朗讀的時間，應該維持十五分鐘左右，而且要定期施行，持續幾個月。相同的句子或段落，也可以多次重覆，直到孩子唸得流暢爲止。

加深印象法非常適合以「小老師」的方式進行，教師可以讓閱讀能力較好的孩子，幫助能力較差的孩子，但教師必須教導「小老師」如何有效地幫助同學。

曾經有人以「互助小組」的方式，進行加深印象法（Eldredge 1990），經由小組一起閱讀的過程，加強孩子的用字能力，並且改正孩子的音調和語調。教師可以挑選略具難度的閱讀材料，和學生一起朗讀幾次，在朗讀的過程中，必須讓孩子用手指跟讀書上的字。之後，教師讓孩子兩兩一起練習。研究報告指出，經過這樣的練習，孩子們的閱讀理解和字彙會有明顯的進步。

重覆閱讀

重覆閱讀與加深印象法非常類似，就是要求閱讀不流暢的孩子，重覆朗讀某個段落，直到流暢為止，這個方法也能有效建立孩子的自信，並且增強孩子的閱讀技能（Bowd 1990）。教師必須先示範朗讀，讓孩子跟著一起唸，接著就讓孩子自己大聲地練習，而教師在一旁給予改正回饋。之後，孩子必須繼續練習直到完美，然後教師再將孩子唸的段落錄下來。當孩子聽到自己完美的表現，會發現自己也能和班上最優秀的學生一樣好。這對建立孩子的信心與自尊，有著莫大的幫助。

文書處理

文書處理可以有效地幫助孩子，更能自信地創造他們自己的閱讀材料。許多研究顯示，文書處理等電腦軟體，為語言教學增添了嶄新的樣貌（Wray & Medwell 1989）。創作並且列印出自己的故事，會增強孩子對書本的興趣，而同時也能發展孩子的組織、編輯、校對、拼字，與設計等技能。

在初級階段，電腦可以幫助學生改進認字、解碼、造句，和拼音技能。例如，讓學生鍵入與電腦螢幕上相同的單字，接著再閱讀並鍵入電腦螢幕上出現的例句。有些軟體具備「填充」的功能，例如出現學生曾學過的字，但是少了開頭的字母，讓學生選填正確的字母。就這樣依次逐漸減少出現的字母，讓學生重覆填上正確的單字拼法，直到學生完全熟練為止。

電腦還可以用來改善學生的閱讀理解（Anderson 1990），

教師也可以利用電腦，設計與孩子正在閱讀之材料相關的補充教材（Wepner 1991）。

總而言之，文書處理的價值在於，讓孩子透過文書處理，與閱讀產生良好的互動。電腦擁有過人的耐性，完全可以讓學生依照自己的步調來工作，而且由於電腦的步驟清楚且條理分明，幾乎總能提供即時的回饋。再加上在使用電腦的過程中，學生必須擔任主動的角色，鍵盤的使用也能激發孩子更高的學習慾望（Loughrey 1991）。不論是單獨作業或是全班一起工作，電腦是絕佳的學習工具。

電腦也是孩子在家中學習閱讀的好幫手，孩子可以在家長的陪伴下，藉由電腦學習認字、拼音、和遵從指示等技能（Rickleman & Henk 1991）。

聽孩子讀書

不論教師決定用什麼方法來教孩子閱讀，聽孩子讀書都必然是教學中的重要環節。藉著聽孩子讀書，教師能夠瞭解，並且掌握孩子的學習狀況。筆者發現，如果教師不只是聽孩子讀書，甚至能夠將其延伸為和孩子一起讀書，其學習效果將會更為顯著。教師在挑選適當書籍後，就可如下列方式進行「和孩子一起讀書」。

・教師自願先讀一、兩頁，讓孩子邊看書邊聽。教師流暢的讀書聲，不僅示範了適當的語調和速度，也正是讓孩子領略故事趣味的好時機。教師先行示範的另一個好處

是，書中人物的名字和特別的遣詞用字，在輪到孩子讀
書時，就不會顯得陌生而困難。如果需要的話，讓孩子
用手指跟讀，以免孩子迷失在文字當中。

- 接著，教師請孩子讀下一頁或半頁。當教師在聽孩子讀
書時，必須能夠預測出對孩子來說困難的單字，並直接
提供孩子單字念法，以保持閱讀與意義的連貫。

- 簡短地讚美孩子之後，教師接著讀下一頁。

- 再一次請孩子讀下一頁，在必要時才提供幫助。不要讓
孩子為了拼讀某個字而中斷閱讀，如果孩子碰到不認得
的字，教師可以建議孩子先讀完句子剩餘的部分。這種
做法，可以幫助孩子從上下文猜出生字，也提供了自我
校正的機會。

- 以這個方式讀了四、五頁之後，孩子會覺得已經讀了不
少內容。教師可以花幾分鐘的時間，和孩子討論一下重
點，以幫助孩子回想故事情節，並增進閱讀理解。（一
般教師的做法是，聽孩子讀完一頁就把書收起來，隔天
或隔兩、三天再讀下一頁。每天只讀這麼一點，孩子根
本沒有辦法將故事連貫起來。這種做法，只會讓閱讀能
力較差的孩子更難受。）

- 接下來，教師讀的量要逐漸減少，給孩子更多時間表
現。在這個階段，教師可以注意孩子犯的錯誤，以評量
孩子的閱讀技能。

- 每次都幫助孩子讀完一定份量是很重要的。藉由打破
「讀得不好→逃避閱讀→練習不足→無法進步」的惡性
循環，教師能夠向孩子證明，他也是會進步的。教師可
以製作圖表，填上孩子每天所讀的頁數，讓孩子看到自

己的進步與努力。

使孩子成為獨立閱讀者,是重要的教學目標。教師若給予低能力閱讀者過多的改正回饋,往往會使孩子過度依賴成人的指導。許多教師的校正回饋是:提醒孩子發音原則,或直接告訴孩子那是什麼字,卻很少幫助孩子從上下文判斷、猜測生字的意義,也因此無法幫助孩子養成獨立的閱讀習慣。愈少的提醒、較不直接的提示,似乎能夠提供更多的機會讓孩子做自我訂正,並將注意力放在所讀文字的意義上。我們要特別強調,教師在提醒學生之前,應該要有足夠的停頓時間。

停頓、提醒、讚美

奧克蘭大學的葛林教授和他的同事們,發展出一套名為「停頓、提醒、讚美」的教學步驟,已經有許多治療方案成功地應用了這套教學步驟,而家長、小老師、和學校的義工,都可以學習這套教學步驟,來幫助有需要的孩子。

「停頓、提醒、讚美」的應用步驟如下:

- 孩子碰到不熟悉的單字;
- 教師(或其他擔任幫助者角色的人)不要立刻插手,等幾秒鐘,讓孩子試圖解決問題;
- 如果孩子未能解決問題,教師/幫助者可以建議孩子,從上下文猜測、或從字首猜測、或繼續讀完整個句子;
- 如果孩子成功地認出單字,教師/幫助者必須給予讚美;
- 如果在提醒之後,孩子仍然認不出這個字,教師/幫助

者要馬上直接告知；

・孩子在閱讀時做自我訂正，也應該得到讚美。

有研究指出，受過「停頓、提醒、讚美」訓練的幫助者，比未受過訓練的人更能給予進步遲緩的閱讀者有用的幫助（Wheldall 1995）。此研究更進一步指出，在應用「停頓、提醒、讚美」的教學過程中，若能加上適當的語音和解碼教學，在經過七個星期之後，孩子的閱讀年齡平均會提高近十四個月。

默讀

每天撥出一段時間，讓學生和教師閱讀他們自己所選擇的書籍，我們稱這樣的閱讀活動爲「默讀」。一般學校會安排下午上課時間的十到十五分鐘，讓全校師生一起進行默讀活動。

有研究指出，「默讀」若實行得當，學生會逐漸發展出專注力，更能專心於閱讀工作。曾有個案證明，經過默讀訓練之後，孩子的閱讀能力明顯增強。此研究還發現，默讀活動可以讓學生對閱讀抱持更正面的態度（Fenwick 1988）。

「默讀」若施行不當，反而會造成學生時間的浪費。如果，閱讀困難學生選擇了對他們而言太難的書籍，就會發生問題。教師必須引導學生選擇書籍，以確保所有的孩子在默讀時，都能順利地自行閱讀。有人觀察發現，閱讀能力較差的孩子，常常在默讀時間「悄悄地逃避閱讀」（Biemiller 1994）。如果此言屬實，那麼我們就必須矯正這樣的狀況。

閱讀理解

閱讀理解，並不是在學會閱讀的「技術面」後，就能繼之而來。任何閱讀寫作教學，都應該在最初就把閱讀理解當作教學重點。即使在最早期的學習階段，教師也應該讓孩子討論他們所閱讀的東西，並且讓孩子試著回答問題。當教師讀故事給孩子聽時，應該和孩子討論故事內容，並且鼓勵孩子對書中的看法，提出自己的想法和意見。

在1969年時，史密斯（Nila Banton Smith）提出閱讀理解的四階段論，每個階段都包含一些不可或缺的技能，並且必須依賴上一階段發展出的能力。最基本的階段為「字面理解」（理解文字基本含義），此階段需要的技能包括：瞭解字義、明瞭大意、掌握細節順序、和認知因果關係等等。即使在這個基本階段，學習者也必須仰賴先前的知識和經驗。如果，文字所表達的概念，對閱讀者來說是全新的，也許會使學生連最基本的字面理解都有困難。這讓我們想到一個問題：「閱讀是教導嶄新主題的最佳方式嗎？」對某些學習者而言，答案顯然是否定的。

閱讀理解的第二階段，是「解釋」。所謂「解釋」是指閱讀者透過文字，推論理解字裡行間的含意，並且做出結論。此階段需要的技能包括：歸納、預測結果、推論因果關係、發現相關性等等。

閱讀理解的第三階段，是「評論」。閱讀者在閱讀後，評斷所閱讀書籍的品質、價值、準確度、和真實性，並能挑出書

中誇大的部分或偏見。

　　最後一個階段，是「創造」。在此階段，閱讀者超越作者的想法，產生新的概念，或發展出全新的視野。

　　有人提出批評，認為有太多閱讀教學，只要求學生瞭解字面含義。當然，理解字面含義有其必要性，因為這是往後進階的基礎，但任何閱讀理解教學，都應該包括能夠啟發孩子思考的問題。例如，在讀了一則客機失事的故事之後，教師可以提出這些問題：

- 有多少乘客逃過一劫？（字面）
- 座艙失壓為什麼會導致飛機失事？（解釋）
- 從飛機失事前的情境看來，你認為機長是個什麼樣的人？他的判斷值得信任嗎？（評論）
- 每年都有傷亡慘重的空難發生。怎麼做，可以讓飛行成為更安全的旅行方式？（創造）

　　如果孩子在閱讀之後出現理解困難，特別是前兩個階段的困難，教師必須考慮，是不是閱讀材料裡所使用的單字，與孩子本身的字彙知識落差太大。有些孩子雖然能正確地讀字，卻不知道（或誤解）這個字的意思。如果是這種情況，在進行閱讀理解教學活動時，就必須多花一點時間，在建立字彙知識上。

　　閱讀速度過慢或過快，都會造成理解問題。因此，在某些閱讀治療教學中，教師會特別注意孩子的閱讀速度。

　　有些孩子的回想能力特別差，回想能力必須依賴注意力、故事內容的清晰鮮明與否、和孩子是否想記住，而且還與孩子的先前經驗有關。這些因素，也可以幫助教師，釐清孩子遭遇

困難的原因。

改進閱讀理解

依據杜爾（Dole 1991）的理論，成功的閱讀理解包含五個構成要素：確認主旨、做出推論、提出問題、監看自己的理解、和做出摘要。研究顯示，如果明確地教導孩子這些技能，確實能夠改進孩子的閱讀理解能力。自我監看和做出摘要這兩方面的訓練，尤其能夠讓閱讀困難學生獲益（Pressley et al. 1995）。然而，這類的策略訓練既費時又耗力，往往需要花費數月的時間才能見到成效（Dole, Brown & Trathen 1996）。

在所謂的「相互教學」中，教師和學生在初始階段一起工作，分享想法、提出問題、預測答案、查察文意，最後一起合作做出摘要。雖然教師所扮演的角色，是為孩子示範有效的擷取文意策略。但這麼做的長期目標是，讓孩子內化這些策略。

如果教師能夠花更多時間，示範有效的策略，所有孩子的閱讀理解技能，都能得到更進一步的發展。有效的策略包括：

· 在閱讀之前預覽內容，以獲取初步概念；
· 找出段落的主旨；
· 以「大聲思考」的方式提出問題；
· 預測接下來會發生什麼事；
· 整理出內容摘要。

有人認為，一個成功的閱讀理解教學方案，應該包括四個要素：

- 大量的閱讀時間；
- 直接教導閱讀理解策略；
- 提供機會，讓孩子合作學習；
- 提供機會，讓孩子與教師或同儕，討論他們對某本書或某篇文章的看法。

發展閱讀理解技能的重點提示

以下建議，能夠幫助所有的孩子改善閱讀理解，而且特別適用於學習困難的學生。

- 確定閱讀材料是孩子感興趣的，並且適合孩子的閱讀程度。
- 永遠要用真實的閱讀材料來做理解策略訓練，不要依賴坊間現成的閱讀測驗練習。
- 為進入閱讀做好準備。問孩子「我們在這一章裡可能會發現什麼？」、「這些圖畫告訴我們什麼事？」、「這個單字是什麼意思？我們先來讀一讀小標題。」等等。同時參照第四章所說的PQRS策略。
- 鼓勵孩子彼此問問題，然後利用這些問題，來討論何謂評論、推論、預測。
- 在閱讀故事之前，先讀一讀與故事內容相關的問題，讓孩子在閱讀之前，知道要注意的重點。
- 利用報紙和雜誌上的文章，進行閱讀理解活動，教師可指導學生利用螢光筆，畫下重要的詞彙和敘述等等。
- 對於閱讀能力較差的孩子，要經常給他們實際練習的機會。例如，給他們一張某個簡單實驗的說明書，讓他們

必須經由閱讀、解釋,進行真實的行動。簡單的食譜,或是模型說明書,都是很好的練習。

- 摘錄大意,是確保孩子明白主旨的極佳方式。
- 總而言之,必須確定孩子瞭解閱讀的目的,必須教導孩子利用策略,幫助自己理解閱讀內容。不要只是測驗,要教!

克漏字(cloze)

「克漏字」可以讓孩子更注意上下文的線索和含意,進而猜測出不熟悉的單字。「克漏字」的做法很簡單,只要將句子或段落裡的某些字刪除,然後讓孩子閱讀,並在空格裡填上可能的單字。

> It was Monday morning and Leanne should have been going to sch..........
>
> She was still in .... She was hot and her throat was ....
>
> 'I think I had better send for the d........... ,' said her ....
>
> 'No school for you ....'

克漏字可以有多種變化,例如將刪除的單字字首留下,以提供線索;或是將一連串單字全部刪掉,讓孩子填入適當的詞彙片語。教師可以將克漏字列為書籍分享教學的一部分。

克漏字可以利用分組的方式進行,教師將影印好的文章段落分發給孩子,讓孩子們互相討論找出最好的答案。當孩子把心力放在合理的句子結構和意義上時,字彙能力與閱讀理解,也將在無形中得到發展。

字彙網路

　　另一個能夠增進閱讀理解和技能的活動是「字彙網路」，也有人稱之為「思考地圖」（thought mapping）或「概念地圖」（concept mapping）。

　　當教師要為孩子進入新的閱讀做準備，或是孩子在閱讀時要記錄所得訊息，「字彙網路」是很有效的方式（Hickerson 1992）。在寫作之前，也可利用「字網」來整理、組織想法。教師可以事先準備好關鍵單字圖，或是和學生一起進行腦力激盪，並把關鍵字寫在黑板上。接下來，教師可以和學生一起討論，這些單字之間的關聯。在開始進行閱讀後，教師和學生就可以把單字之間的的關聯，以及更多重要的單字，加進字彙網路裡。

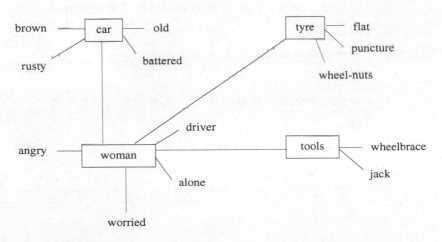

圖五　字彙網路

　　圖五是依據一篇取自雜誌的文章所做的字彙網路，這篇文章附有插圖，畫面是一個女人在鄉間路上換車子輪胎。

　　字彙網路可以幫助孩子組織思路，讓他們把已知與全新的概念連結起來。當孩子在閱讀之後開始寫摘要時，字彙網路提供的關鍵字，可以給孩子非常有用的幫助。

　　在孩子熟悉字彙網路後，教師就可以讓孩子自己建立網路，或是以分組合作的方式進行。

實作演練：發展閱讀理解策略

步驟一：
・閱讀本章的閱讀理解相關段落，同時再次閱讀第四章的相關內容。

步驟二：
・挑選適合你學生的書籍或文章，設計一套閱讀教學。

步驟三：
・不要忘記，由你自己來示範重要策略。

步驟四：
・如何延伸你設計的教學活動，讓孩子可以獨立練習？

步驟五：
・如何讓孩子歸納出新的閱讀策略，以應用在其他的閱讀上？

摘要

　　本章提供了一些點子，讓教師們能夠針對孩子的個別需求，來進行閱讀教學。多數教學技巧並不是完整的閱讀教學方法，而是既成之教學方法的補充與延伸。雖然多數學生並不需要教師爲其特別編修教學方案，但這些教學技巧，能夠幫助教師維持學生的閱讀興趣，並且提供更多的機會，讓孩子練習重要的基本技能。

　　教師在做閱讀教學計劃時，必須謹記教學的長期目標是：幫助學生成爲獨立的閱讀者，要讓學生具有爲樂趣而讀、爲求知而讀的能力。教導學生語音、拼字等技能的目的，並不僅是讓學生學會這些技能而已，而是要讓學生具備閱讀的基本能力。

　　所有的教師，以及所有希望幫助孩子學習的人，都應該學習聆聽，並提供適當的協助技能，本章也對此提供了建議。

　　本章提供的改善閱讀理解技能之建議，其適用範圍非常廣泛，甚至可以立即應用在全班性的閱讀教學上。

討論

· 本章所提的教學技巧和方法，哪些可以應用在有閱讀問題的成人身上？

· 「只要有紙筆，或是黑板和粉筆，我就可以教孩子閱讀。」你對這句話有什麼看法？

· 本章所提的教學策略和技巧，若要應用在學生能力參差不齊的班級，可能會遭遇什麼困難？怎麼做可以把這些問題降到最低？

· 你對在學校實行「默讀」，有什麼看法？

建議進一步讀物

Armbruster, B., Anderson, T. and Meyer, J. (1991) 'Improving content-area reading using instructional graphics', *Reading Research Quarterly* 26, 4: 394–416.

Campbell, R. (1995) *Reading in the Early Years Handbook*, Milton Keynes: Open University Press.

Gunning, T.G. (1995) 'Word building: a strategic approach to the teaching of phonics', *The Reading Teacher* 48, 6: 484–8.

Miller, L. (1995) *Towards Reading*, Milton Keynes: Open University Press.

Morris, D., Ervin, C. and Conrad, K. (1996) 'A case study of middle school reading disability', *The Reading Teacher* 49, 5: 368–77.

Palinscar, A.S. and Klenk, L. (1992) 'Fostering literacy learning in supportive contexts', *Journal of Learning Disabilities* 25, 4: 211–25.

Samuels, S.J. and Farstrup, A.E. (eds) (1993) *What Research Has to Say About Reading Instruction* (2nd edn), Newark: International Reading Association.

Schunk, D.H. and Rice, J.M. (1992) 'Influence of reading comprehension strategy information on children's achievement outcomes', *Learning Disability Quarterly* 15, 1: 51–64.

Vacca, R.T. and Vacca, J. (1993) *Content Area Reading*, New York: Harper Collins.

Van Daal, V.H. and Van der Leij, A. (1992) 'Computer-based reading and spelling practice for children with learning disabilities', *Journal of Learning Disabilities* 25, 3: 186–95.

第十章

培養寫作能力

　　寫作能力是學習成功的先決條件。學習障礙學生，總是很難達到學校對於寫作的要求，因為他們除了有拼字、手寫、標點等書寫方面的問題之外，也有較高層次的作文技能問題。

　　　　　　　　　　（Vallecorsa, Ledford & Parnell 1991 p.52）

　　對於學習困難學生來說，寫作也許是所有課程當中最艱難的。研究顯示，諸如構思、安排、編輯與修改等作文技能，對這些學生而言非常困難，更別提他們還有諸如寫字、拼字和標點等書寫問題了。與寫作技能熟練的學生比較起來，我們發現，缺乏寫作技能的學生有以下的問題：

・在開始寫作之前，花非常少的時間構思；

・在寫作之前從不先打草稿；

・不會有條理地組織想法；

・不是用非常簡單的句子，就是重覆使用連接詞，造出又長又散漫的句子；

・偏好簡單的字彙，較少使用含意豐富又有趣的字彙；

- 不斷重覆使用某些字眼（如，「然後」、「很好」、「真的…」）；
- 在限定的時間內寫得很少；
- 不願意重看、修改作品；
- 大量的拼字錯誤；
- 常常略掉標點，或是錯誤的使用標點。

　　寫作可說是語文學習最困難的部分，幸運的是，現今的寫作教學，已經大幅地減輕了低能力學生面臨寫作時的焦慮和挫折。從前的寫作課，對這些學生來說，就是得安安靜靜地寫東西，沒有討論或尋求幫助的機會，而且特別強調一下筆就要正確、整潔。這種情境，一定會讓許多孩子感受強烈的壓迫感。就算教師對作品的要求不真正那麼嚴格，但有些孩子會在自我評量後，認為自己的作品不完全，所以一定缺乏寫作的能力。這些孩子很快就會發展出「我不會寫作」的態度，並因此進入失敗循環。

　　近幾年來，寫作教學有了重大轉變，強調的重點，由完成的作品，轉移到寫作的過程。其中又以唐諾（Donald Graves 1983）的「過程─討論教學法」，最具代表性。

過程─討論教學法

　　扼要地說，過程─討論教學法的基本原則如下：

- 寫作是一種多階段的過程，從模糊的構思形成到寫成草稿，經由修改、編輯而完成作品（雖然，並非所有的寫

作都得經過全部過程），學生需要對這些階段有明確的認知。

- 上寫作課時，教師自己也應該寫，以藉此示範作文、編輯等不同的階段。
- 寫作時，通常應該讓寫作者自訂主題，因為與個人相關的故事最能產生生動、逼真的描述。
- 教師應該和每個學生討論他們的作品，教師該做的不只是讚美和鼓勵，也還要花時間，依據學生個別的需求和能力，給予建議。
- 學生寫作的潛在讀者不僅是教師，還有同學。學生在構思、寫草稿的過程中，可以和同學互相討論，彼此給建議。
- 可能的話，應該「出版」學生的作品讓更多人閱讀。
- 使用文書處理，效果會更好。

過程─討論教學，是一種融合的教學方式，教師可針對學生個別的需求提供協助，而同儕之間也可以互相幫助、分享。

當學生第一次接觸過程-討論寫作教學時，有三個重要的指導原則：

- 在要求學生個別寫作之前，先讓他們以分組的方式，適應寫作過程；
- 必須幫助學生，選擇他們有強烈意見和想法的主題；
- 教師除了親自示範寫作與分享的過程，也要示範接受批評的成熟態度。

提供特別協助

一般原則

改進寫作技能的第一個重要步驟是，給予學生足夠的寫作時間。寫作常常被當成其他科目的附屬品，而不是需要特別花時間來做的一件重要事項。如果能夠天天進行寫作，那麼學生的動機、信心、和寫作技能更有改進的可能（Vallecorsa, Ledford & Parnell 1991）。

給予學生足夠的寫作動機也非常重要。寫作的主題必須有趣，而且與學生有關，並且要讓學生瞭解，將想法以文字表達出來的重大意義。不論只是一封給朋友的信，還是出自想像的科幻故事，都應該讓學生覺得，寫作是一件愉悅而且值得做的事。

一般而言，在寫作的過程中，學生最需要幫助的兩個階段是，最開始的構思和最後的修改潤飾。這兩個階段的教學，都應該依照有效教學的基本原則，也就是由教師示範、指示學生練習，並且給予回饋（主要藉由教師與學生討論的過程）、以及由學生獨立練習。

有寫作困難的學生，需要教師給他們一個可應用在所有寫作上的清晰架構，寫作的初學者若能得到明確的策略指導，就等於有了很好的起點。他們需要教師指導他們如何開始、如何繼續、以及如何完成。教師可以教導學生「自問自答」，問題

的主要目的是刺激學生的想法，並且幫助他們組織、呈現自己想表達的內容。

不會寫作與不要寫作

有寫作困難的學生可分為兩類，這兩類彼此之間非但有所交集，而且這兩類學生的教學需求，也有重疊之處。第一類是有學習困難或障礙的學生，對於這些學生，教師需要使寫作成為步驟清楚、條理分明的工作，以確保他們能夠成功地參與。第二類是會寫卻不願意寫的學生，這些學生似乎看不出寫作具有任何意義，或者是從未經驗寫作的樂趣，無法從寫作獲得滿足。這些學生也許是在開始寫作時，曾有負面的經驗，於是得了「寫作恐懼症」，導致他們總是儘量避免寫作。對於這些學生，教師必須試著重建他們對於寫作的興趣和信心。

鼓勵所有的孩子，在寫作時多做嘗試、冒險，而不必擔心遭受批評或嘲笑，這樣的教室氣氛，對於能力較差的學生來說，是非常必要的條件。然而，在許多個案中，尤其是有一長串負面寫作經驗的中、高年級學生，只是創造這樣的氣氛並不足夠，教師需要給他們更多的指導和鼓勵。葛瑞維斯（Graves 1983）曾在他的著作中提及這類學生，而他對於幼童學習寫作的研究，使我們更進一步瞭解，有寫作困難的大孩子的表現和需求。他的研究特別強調，以診斷的眼光看待孩子作品的重要性，必須由孩子的作品，觀察他們在構思、作文、拼音、和修飾等階段，所使用的策略。

某些學習困難學生，在寫作時也許必須依賴教師的導引，然而大多數學生都有可以侃侃而談的興趣和經驗，教師可以幫

助他們把這些寫下來。顯然地，這與閱讀的語言經驗教學間有密切相關：「我可以侃侃而談我知道的東西。老師會幫助我寫我能談論的事。我會讀我寫的東西。」

葛瑞維斯（1983）建議，教師在幫助寫不出令人滿意作品的孩子時，依循下列步驟，他還特別提到，這些孩子需要每天得到幫助。

- 「熱身」——也許花幾分鐘的時間寫寫字，或是抄寫先前寫過的東西；
- 討論寫作的新主題；
- 畫一張與主題相關的圖；
- 再一次討論主題；
- 造一、兩個句子；
- 由教師給予回饋。

對於低成就學生，或是缺乏信心的孩子，教師也許需要嚴謹地計畫每個階段的討論，甚至需要為這些學生寫下關鍵字彙，和可能的句子開頭。葛瑞維斯勸告教師，不要害怕偶爾說說「試著……的寫法」這類的話，畢竟教師仍有指導的權利！然而，在討論與給予回饋的階段，教師就不應該過度改正，而要鼓勵學生說出自己的想法，並且多做思考。這麼做的主要目的是，要幫助學生對於寫作主題產生各種想法，再將這些想法，以適當的順序安排在作文中。

在學習寫作的早期階段，要特別注意，不要讓拼字成為學生的壓力，因為這會扼殺孩子自由地表達想法的企圖。曾有人說過一句很棒的話：「當孩子拼錯字時，不要說他錯了，要說他幾乎拼對了。」當學生開始較有自信，也較能寫出東西來的

時候，教師就可以漸漸地放手了。

　　對於能力最差的學生，尤其是中、高年級的，在寫作的過程中，教師必須扮演主導的角色。在班上讀學生的作品、讓同學給評語的作法，必須謹慎從之。雖然在很多班級裡，能力較好學生對能力較差學生的態度是正面的，並且能夠扮演小老師的角色，提供非常有用的幫助，然而，在一些班級裡，能力較好的學生也會嘲笑能力較差學生的無知，從而加速銷毀寫作困難學生的信心和動機。經常被提及的「同儕評論」，彷彿是教室裡隨時可利用的簡單策略，事實上卻不然。「同儕評論」必須非常謹慎地進行，並且必須由教師花時間示範評論的過程，然後才可以期望學生有技巧地實行。教師必須示範如何強調優點、如何發現不清楚的地方、如何幫忙衍生新的想法、如何幫忙增刪內容和潤飾作品。

　　在過去，許多低成就學生，在寫作時間內總是只能寫一點點。這是失敗循環的一部分：「不喜歡寫作→寫得很少→練習不足→無法進步……」。

　　休姆斯（Humes 1983）提倡例行寫作練習（每天），甚至利用短時間（例如，五分鐘）「速寫」的方式，讓學生以最快的速度抄寫文字，藉以說服學生他們確實能夠在短時間內「寫很多東西」。教師還可以利用圖表，記錄學生每天寫的字數或句數，讓學生看到自己的努力與進步。

　　對於不會寫作和不願寫作的學生，通常用小冊子寫，比用練習本要好。一個星期就可以用完的小冊子，提供給孩子每個星期重新開始的機會，這比總是要面對累積在練習本裡的失敗要好得多。對任何年齡的學生來說，活頁紙夾都是傳統練習本很好的替代品。教師可以讓學生養成寫日記、札記的習慣，但

是要避免這類寫作流於形式而陳腐乏味。即使寫作能力很好的學生，也有發生這種狀況的可能。

　　由以上的討論，我們可以明顯地看出，對於低能力學生而言，所謂的「自由寫作」應該是「自由的指導寫作」。這些學生也許有些想法，但在下筆之前組織想法的過程，需要教師從旁協助。在這些學生的信心與熟練度與日俱增後，教師的直接幫助就可以逐漸減少。

　　既然「過程-討論教學」非常地注重與學生討論，我們就應該多找一些可以與學生討論的人在教室裡幫忙。除了教師和同班同學，助理教師、年紀較大的學生（混齡教學）、大專實習生、和家長義工，都是可以提供幫助的人。這些提供幫助的人，必須瞭解他們扮演的角色，也需要教師給予非正式的訓練。

實作演練：給寫作幫助者的忠告

步驟一：
・假設，你需要為自願到學校幫助學生寫作的家長，提供一些訓練。

步驟二：
・列出你希望他們在幫助學生時，所遵守的基本原則。

步驟三：
・在閱讀本章的其餘段落後，把新的想法增列到你的單子上。

寫作策略

提供架構

故事的骨架

　　許多覺得寫作困難的學生，面臨的第一個障礙就是不知如何開始。一個幫助他們的簡單方法是，給他們故事的骨架，也就是給他們每一個句子的開頭，讓他們用自己的想法完成每個句子。例如：

> 我昨天半夜被吵醒了。
>
> 我聽見……。
>
> 我悄悄地起床，然後……。
>
> 我竟然看到……。
>
> 剛開始我……。
>
> 我真是太幸運了，因為……。
>
> 最後……。

　　在教導低成就學生時，先在黑板上，讓學生們以合作的方式完成故事，是很有效的做法。在讀完大家合作完成的故事之後，教師就讓每個學生依照相同的故事骨架，來寫不同的故事內容，寫完後還可以一起分享彼此的故事。

提示

爲了幫助學生在寫作時構思，許多學者建議，最好的方式是，教學生一套他們可以問自己的問題。例如，「發生什麼事？」、「在哪裡發生？」、「發生在誰身上？」、「然後呢？」

如「它看起來如何？」（形狀、大小、顏色）、「它摸起來是什麼感覺？」這類的問題，可以幫助學生在寫作時有更豐富的描寫。這些提示，對於有構思困難的學生非常有用，但是學生不該太過依賴這些提示。

故事網路

故事網路，與前一章所提的字彙網路非常類似，也可以提供學習困難學生有效的寫作構思起點。

故事網路的做法是，先寫下故事的主旨，然後從主旨分枝，發展不同類別的訊息和想法，如：故事背景、發生的行爲、相關的人物、故事結果等等。學生在建構故事網路時，也許需要之前的「提示」來幫助他們思考。建構好故事網路後，學生可將故事網路裡的簡短摘記發展成句子，再將一個個句子組織成段落。

故事的結構設計

葛羅絲（Gross 1993）將「故事網路」稍作改變，發展出另一套寫作方式。她的做法是，先將故事標題寫在黑板中間，然後從標題向外畫出像車輪輻條般的放射線。接著，由學生腦力激盪，提出各種與標題相關的想法，並且將每個想法簡短地寫在一根輻條上。

接下來，全班一起重看每個想法，並決定故事的起點。教師要在被選爲起點的想法旁標示「1」。故事要如何發展呢？由孩子們來決定其他想法的排列順序，這些想法也依序標上適當的號碼。有些用不上的想法可以刪去，也可以視需要新增想法並標上順序。在完成故事的結構設計之後，就可以讓學生利用這個故事結構，開始寫他們自己的故事。

在進行故事結構設計的過程中，學生們解決了兩件他們在寫作時所面臨的最困難的問題，那就是構思和安排。

按步操作

將幫助學生組織想法的每個步驟簡化組合成一個單字，是很有效的做法，我們以「LESSER」爲例略做說明。

L = List，列出想法。

E = Examine，檢查所列的想法。

S = Select，選擇起點。

S = Sentence one，用第一個句子敘述選爲起點的想法。

E = Expand，用另一個句子延伸此想法。

R = Read，閱讀所寫內容，做必要的修改，下一段落重覆
　　此做法。

延伸、擴充想法

從一個簡短的直述句開始。

有太多車子開進我們學校的停車場。

接著，寫兩、三個補充說明第一句或與第一句相關的句

子。在每個新句子下面空兩行。

　有太多車子開進我們學校的停車場。
　這些車子製造的噪音常常干擾我們上課。
　這些車子總是開得很快，有可能會撞到人。
　我們要怎麼解決這個問題？

　　現在，在每個空行裡填入新的句子。

　有太多車子開進我們學校的停車場。
　這些車子製造的噪音常常干擾我們上課。
　喇叭聲和引擎聲此起彼落。
　有時候，我甚至聽不到老師說些什麼。
　這些車子總是開得很快，有可能會撞到人。
　昨天我看到一個女生走到一部車子後面。
　結果車子突然倒退，害那個女生嚇得尖叫。
　我們要怎麼解決這個問題？
　也許應該在校門口豎立一個「禁止汽車進入」的標誌。
　或者，可以設些路障或設定時速限制，讓這些汽車駕駛減
速慢行。

　　在完成造句之後，就可以開始進行編輯，將簡單的句子組
合成較長且複雜的句子。使用文書處理軟體，可以更輕鬆而快
速地完成編輯工作。
　　這種練習寫作的方式，必須由教師先行示範過程。示範的
過程中，當然可以讓學生提供想法，讓全班一起造句。之後，
教師要給予學生指示練習，並且在往後的課程中，做更進一步
的示範。

洗牌

要讓學生認知寫作前構思與安排的重要性，可以進行「洗牌」活動。所謂「洗牌」，是將所有與寫作題目相關的想法，分別寫在卡片上，然後將這些卡片混在一起，重新排列順序，直到排出最適當的順序為止。如何安排順序，將成為師生或同學間的討論焦點，而且可以避免學生不願修改或重寫草稿的問題。

合作編輯與修改

為了進一步幫助學生，發展修改與編輯技能，教師可以進行全班（或分組）合作修改文章的活動。教師和學生在討論後進行修改，也許是增加含意更豐富的字彙，或是刪除多餘的字，或是增加一些敘述，使文意更為清楚等等。

合併句子

另一個有助益的編輯活動，是「合併句子」。低成就學生寫的句子通常很短，既不流暢，也無變化。教師可以設計一些活動，幫助學生發展合併句子的技能。

我去看籃球賽。
我和我的朋友漢娜一起去。
我們很愉快。
我們的球隊輸了。

教師可以利用許多方法，合併這些句子。例如：

我和我的朋友漢娜一起去看籃球賽時很愉快。不過，我們
的球隊輸了。

學生常常在做完這類練習之後，仍會重蹈覆轍，所以在學
生試圖修改作品時，教師必須提醒學生曾經做過的練習。

摘錄大意

摘錄大意必須同時運用閱讀與寫作的補充技能，卡莎沙
（Casazza 1992）認為，摘錄大意可以幫助學生，把焦點放在文
章的重點上，並且有條理地將這些重點寫下來。她列出寫摘要
的三個基本方法，並強調教師必須明確地教給學生這些方法，
以訓練學生獨立運用的能力。首先，學生必須找出文章的主
旨，並且寫出一個具體表達此主旨的句子。其次，他們要找出
不重要或多餘的敘述。最後，他們必須歸納訊息類似的敘述，
並且將這些敘述與主旨連結。

教師必須親自示範摘錄大意的方法，然後給予學生指示性
的練習與回饋。卡莎沙（1992）也建議，教師可讓學生評估同
學與教師所摘錄的大意，並提供可供參考的檢核標準：

・對題目的認識正確；

・正確地找出主旨；

・準確地改寫；

・略過不相關的細節；

・有條理地組織類似的訊息；

・字數在限定之內。

對某些學生來說，這種程度的直接指導還是不夠，教師需

要協助他們，將摘錄大意這項工作，分割成更簡單的步驟。下列的方法也許可以幫助這些學生：

- 在閱讀完文章後，教師可以發給學生印有與文章相關之各種陳述的紙卷，讓學生閱讀每個陳述，並且在正確的陳述旁做記號。然後，學生要將這些正確的陳述以最合理的順序排列，排好之後的短文，即為很好的大意。
- 教師還可以提供學生摘錄大意的架構，也就是提供句子的開頭，當學生完成這些句子時，同時也完成了摘錄大意的工作。
- 教師幫助學生摘錄大意的另一個方法是，讓學生填空。教師必須事先準備一篇刻意留白的大意，讓學生填寫關鍵字彙或片語。教師可以在空格前寫出字首，或是在大意下方提供答案欄，讓學生選出最適當的答案填入空格。
- 教師也可以用選擇題的型式，當學生選出適當的答案，並且將這些句子抄寫下來，他們也完成了摘錄大意的工作。

文書處理

　　文書處理軟體的誕生，無疑地，帶給各種能力的學生一個享受寫作的嶄新機會。尤其是學習困難學生，透過這個具有無限耐心和專注力的媒介，他們在創造、編輯、刪除、和列印自己獨一無二的作品時，能夠獲得更多的信心。

　　我們在前一章討論過，利用文書處理軟體，來發展認字和

語音解碼等較低層次的閱讀技能，而較高層次的閱讀理解與寫作技能，也可透過文書處理來加強。

如果要學習困難學生順利地使用文書處理軟體，就必須先讓他們學會基本的鍵盤技能。通常只需要教他們最基本的，讓他們能夠進入程式、打字、存檔就可以了。即使如此簡單的操作，就可以為某些學生帶來巨大的成就感和自信心，並鼓舞他們的嘗試冒險精神。在最初期，列印的工作可以交給教師，或教室裡的其他助手來做。

將文書處理軟體，應用在過程-討論教學上時，可以先行列印出學生的草稿，在未使用軟體內建的拼字檢查功能前，教師和學生可以先討論草稿，看看可以改進哪些句子、片語、或單字。教師要能夠判斷，哪些拼字錯誤是學生能夠自我訂正的，而哪些必須藉助幫忙。在學生做了必要的修改，並且使用拼字檢查之後，就可列印出第二份草稿。

研究指出，利用文書處理軟體，來教導學習障礙學生寫作，對於寫作量極少以及有嚴重拼字問題的學生，最有幫助。

增強抗拒寫作之學生的寫作動機

出書

延伸之前利用小冊子的建議，讓學生製作規模較大一點的作品是有效的方法。研究證實，以下所列的主題，最能提高抗拒寫作學生的寫作動機。

「一本關於我的書」　　我的家庭、我住在哪裡、我做什麼、我喜歡的東西、我討厭的東西、我的朋友等等，這本書也可以包含身高、體重、血型等確實資料。

「一本關於學校的書」　　描述、照片、計劃、訪問教師。

「一本關於我的班級的書」　　描述、照片、訪問記錄。

「我們的笑話書」　　不要忘記檢查學生寫了什麼笑話！

「我們的社區」　　位置、特色、商店、企業、娛樂。

「……之旅」　　遠足或旅行之後的印象與感想。（不需要每次旅行或郊遊都寫，有個老笑話是這樣的：有個班級出去郊遊，其中兩個孩子看見田野間停了一架飛碟，一個孩子興奮地大叫，「看！有飛碟！」。另一個孩子竟然說：「閉嘴，傻瓜！我們只要回去把看到飛碟的事寫下來就可以了。」）

「Z星球旅遊指南」　　描寫想像的外星人、城市、食物、交通工具、動物、和植物，還可以編外星人的字典。

「我的怪物書」　　描述各種怪物，並且畫圖。

劇本

由學生即興創作，如果能夠依照創作的劇本排演，並且錄製下來，效果會更好。將寫作與表演等實務結合，並且製作出成品，通常可以激發最不願寫作學生的興趣。

「故事接龍」

這是筆者在特殊班使用的教學技巧，利用目前孩子們熟悉的電視或卡通人物來說故事。教師事先準備好一篇故事讀給孩子聽，但是故事要在緊張、懸疑的高潮中停止。接下來發生什麼事？每個學生可以依照自己的想法接下去寫，也可以由全班

腦力激盪合作完成。

　　教師可以將故事簡化，分散成幾頁，製成小冊子，每一頁
都留下空白的位置給學生畫插圖。即使孩子尚未成爲熟練的閱
讀者，也能閱讀剛剛才聽教師讀過且簡化過了的故事，因爲故
事情節是他們所熟悉的。孩子可以在空白處畫上插圖，並且在
最後一頁寫上自己的故事結局。

友誼學校間的通信與交流計劃

　　學校之間建立交流制度，確實是非常有助益的做法，尤其
如果一個學校在城市，而另一個學校在鄉間。交流可以從「筆
友」活動開始，漸漸擴展到交換書籍、教學計劃等等，甚至可
以互相參觀訪問彼此的學校。

選擇你的故事

　　準備八組小卡片，每組四張，這八組卡片分類爲：

主角

女主角

動作

背景

時間

感覺

事物

天氣

　　每一個類別需要四個不同的單字（詞），例如：

　主角：蝙蝠俠、你自己、蜘蛛人、總統

女主角：蜘蛛女、巫婆、你自己、灰姑娘

動作：打架、逃命、飛、追

背景：叢林、你的床底下、月球上、火車上

時間：一百年前、一百年後、半夜、星期天

感覺：生氣、愛、興奮、害怕

事物：怪獸、鬼、野豬、肉餅

天氣：暴風雨、刮風、寒冷、熱浪來襲

　　學生輪流挑選，每組一張，然後利用自己挑選的八張字卡創作故事。

實作演練：提供架構

・任選本章所提的建議之一，應用在有學習問題的學生身上。

・評估此策略的效能，寫下你可能需要修改的部分。

・寫一些學生會有興趣接下去寫的故事開頭。

・設計一組提示，讓學生利用這些提示來寫摘要。

摘要

　　本章提供了一些幫助低能力與低動機學生寫作的實際建議，這些教學技巧大部分也可以在普通班運用，只需要將語文的主流教學做些許的修改。

　　細心的讀者應該已經發現，在這幾章裡，我們總是不停地強調教師明確地示範有效策略的重要性。教師應該幫助學生發展、利用有效的學業技能，而在發展技能的同時，也要讓他們為自己的作品感到驕傲，為自己的進步感到欣喜。

討論

· 與其他教師討論，適合學生能力參差不齊之班級的寫作教學策略。

· 設計一組可以幫助學生寫摘要的提示。

· 「學習困難學生總是覺得寫作困難且令人沮喪，最好不要給他們太多寫作工作。」討論這句話。

建議進一步讀物

Australian Council for Educational Research (1995) *The Best of Set: Writing*, Camberwell: ACER.

Danielson, K. and LaBonty, J. (1994) *Integrating Reading and Writing Through Children's Literature*, Boston: Allyn and Bacon.

Dowis, C.L. and Schloss, O. (1992) 'The impact of mini-lessons on writing skills', *Remedial and Special Education* 13, 5: 34–42.

Englert, C.S. and Mariage, T.V. (1991) 'Shared understandings: structuring the writing experience through dialogue', *Journal of Learning Disabilities* 24, 6: 330–42.

Graham, S. and Harris, K. (1989) 'Improving learning disabled students' skills at composing essays', *Exceptional Children* 56, 3: 201–14.

O'Brien, D. (1992) *Writing in the Primary School*, Melbourne: Longman Cheshire.

Pumfrey, P. and Elliott, C. (1990) *Children's Difficulties in Reading, Writing and Spelling*, London: Falmer.

Smith, B. (1994) *Through Writing to Reading*, London: Routledge.

Smith, D.G. (1996) 'Choose your own writing', *The Reading Teacher* 49, 5: 420–4.

Sperling, M. (1996) 'Revisiting the writing-speaking connection: challenges for research on writing and writing instruction', *Review of Educational Research* 66, 1: 53–86.

Temple, C.A. (1993) *The Beginnings of Writing* (3rd edn), Boston: Allyn and Bacon.

第十一章

發展拼字技能

> 有人主張，應該讓孩子的拼字技能，在他們學習閱讀
> 與寫作的時候，自然而然地發展。對有特殊需求的學生來
> 說，這種主張值得質疑，即使對一般學生亦然。我們的看
> 法是，任由拼字技能自然發展的主張，實在是過度樂觀
> 了。
>
> （Graham & Harris 1994 p.283）

　　許多低成就學生，在閱讀技能獲得改善後，仍然有拼字方
面的問題，導致此現象的部分原因是，教師並未明確教導學生
拼字技能和策略。現今的小學課程，已不像過去那麼重視拼字
教學。

全語言教學法的觀點

　　全語言教學法，將拼字教學視為孩子日常寫作活動的一部
分，而不是一個獨立的教學項目。全語言教學法的提倡者認
為，這種方式能夠讓拼字教學，永遠統合在有意義的文本之

中，而且教師會依學生的個別需求，幫助學生學習拼出在寫作時需要用到的字。他們認為，這是學習拼字最「自然」的方式，比其他任何拼字教學都要好。這種方法，可以讓孩子在他們需要的時候，學會他們需要的字彙。例如，某個學生也許需要寫「please」這個字，但不確定 /ea/ 這個音怎麼拼。教師拼出單字後，要利用這個機會告訴這個學生：通常「ea」字串要讀作長音的 /e/，如sea、feast、deal、leap、seat、read等等。

然而，這種教學方式，對學習困難學生來說，似乎還是不夠（Graham, Harris & Loynachan 1996）。在學生人數超過28人的班級，根本不可能有足夠時間，進行這種個別化的教學，即使教師設法為每個學生安排個別時間，但在這麼短的時間裡，要幫助拼字困難學生學會拼字，幾乎是不可能的事。教師不能期望今天匆匆提過的規則，到了明天學生還會記得，惟有重覆練習才能確保學習成效。

只在學生需要的時候才教導拼字規則，還可能導致學習經驗的殘缺不全。例如，一個學會拼 'fight' 這個單字的孩子，也許還是不知道fight與right、sight、might、tight、light、bright、flight等單字同屬一個族群。要瞭解單字的結構方式，很重要的一點是，學生必須體認：許多單字有相同的、可預測的組成模式。這麼重要的知識若只放任學生自然習得，實在令人想不通。譚普力頓（Templeton 1992 p.455）也說過：「拼字技能，不但必須經由閱讀、寫作、與字彙的學習而發展，其本身的增進也會促使閱讀、寫作、與字彙能力的發展。分析、研究單字的組合元素，也是拼字技能獲得進步的重要方式。」

拼字技能的發展階段

對教師來說，瞭解孩子在拼字技能上的發展階段，是非常重要的（Bentley 1990），每個孩子經歷這些階段的速度非但不同，而期望孩子超越他目前的發展階段，直接跳到下一階段的要求，也非常不切實際。拼字技能的發展階段如下：

第一階段：語音前　　在這個階段，孩子遊戲式地模仿他人寫的字（通常都用大寫）。這些塗鴉與語音或真實的字沒有關聯。

第二階段：語音　　在這個階段，孩子主要依賴聽覺和音韻知覺。觀察這個階段孩子的拼字，可以明顯看出，孩子遵循著字母發音一致（什麼字母發什麼音）的原則，因此成人很容易辨認他們所創造的字。有時候他們會把音素和字母搞混，例如ask拼成rsk、while拼成yl、elephant拼成lefnt。

在語音階段後期，孩子的拼字會更接近字母發音一致的規則，如 'sed'（said）、'becos'（because）。但是，即使在這個階段，有些孩子還是無法聽辨出字串中的第二或第三個子音，而可能會寫出 'srong'（strong）或 'bow'（blow）這樣的字來。或者，他們會因為無法辨別正確的音，而寫出錯誤的字母，如 'druck'（truck）、'jrive'（drive）、'sboon'（spoon）等。

大部分有拼字困難的孩子，都已進入但尚未超越這個階段，教師必須教給這些孩子明確的策略，好讓他們進展到下一階段。

第三階段：過渡時期　　在這個階段，孩子很明顯地已經瞭

解更複雜的單字結構。他們已經知道什麼是字串、音節,對於常見字串,如 -ough、-ious、-ea-、-ai-、-aw-、-ing等,也能更得心應手得運用。到達此階段的孩子,其拼字技能已逐漸熟練,也開始利用已知的拼字知識來類推、拼寫新的單字。

第四階段:獨立　　在這個階段,孩子已經能完全掌握複雜的拼字規則,並且在書寫與檢查熟悉的單字時,也更能有效地利用視覺印象。到達此階段的孩子,在拼字、校對、與自我訂正各方面,都能彈性運用各種策略。

我們用眼睛、耳朵、還是手來拼字?

這個問題的答案似乎理所當然,應該是三者兼用,然而,過去許多年來,教師們一直都把拼字歸類為視覺技能。為此原因,如果學生有幸得到拼字的指導,他們學到的技能,也多半與改進視覺記憶有關,如「看—蓋—寫—核」(look-cover-write-check)策略。教師們多半忽略聽覺在拼字上的功能,事實上,因為字母與發音間的關係並非完全可以預測,有些教師甚至教導學生,不要太理會聽見的音。有人認為,因為有十分之三的單字,無法以一致的字母發音原則拼寫,所以教孩子利用語音訊息來拼字,是毫無益處的。然而,有研究顯示,學習閱讀與學習拼字,尤其是在初期階段,與聽覺的關係,遠比我們想像的要密切得多(Goswami 1992)。

讓我們來談一談視知覺、聽知覺、與運動感覺,對拼字技能發展各有什麼貢獻。

視知覺：用眼睛拼字

非常熟練的拼字者，在書寫時總能善加利用視覺訊息，事實上，視覺作用的確對拼字的正確度影響重大。檢查拼字是否正確，最普遍的方式就是：用眼睛看自己寫的字，然後自問：「這個字看起來對嗎？」運用視覺印象的策略，例如「看—蓋—寫—核」，在所謂「不規則」的單字學習上，非常有效。就此而論，我們當然是用眼睛學習拼字。若能有效利用視知覺以學習拼字，就能在腦子裡建立單字模式，與常見字串的視覺印象記憶庫。當孩子試著寫某個不熟悉的單字時，記憶庫裡的資料就能夠提供幫助。

用眼睛學習拼字，當然不是指光用眼睛「看」，就能學會拼字。對大多數學習者來說，光是「看」還不夠。他們必須非常仔細地審視單字，試著將此單字的結構和形狀記在腦子裡。並非每個學習者天生就具備這種行為能力，因此對缺乏這種經驗的學生來說，必要的指導和練習非常重要。也就是說，教師必須花費時間和精神，教導學生單字分析的技能，因為這麼重要的技能，不太可能湊巧學會的。

我們必須指出，就算再優秀的拼字者，也不可能只憑藉視覺印象拼字。在利用各種提示、線索拼出單字後，其實他們只是能夠有效地利用視覺記憶，來檢查這個字的外觀（Adams 1990）。我們要表達的重點是，拼字其實是各種作用與策略統合的成果，包括聽音與運動感覺印象（Weckert 1989; O'Brien 1992）。

聽知覺：用耳朵拼字

　　研究指出，在學習閱讀與拼字的早期階段，孩子聽辨不同聲音（音韻知覺）的能力相當重要。若希望孩子能成功地發展閱讀與拼字的技能，孩子必須先瞭解，口語字彙不但可以被拆解成更小單位，而且這些小單位還可以用字母來表示。年幼的孩子在拼字時，可能比年紀較大的孩子更需藉助聽知覺，因為他們還沒有那麼多的閱讀與寫作經驗，而且對於單字組合的模式還不那麼熟悉。要建立單字模式與常見字串的視覺印象記憶庫，需要時間與經驗的累積。我們從孩子嘗試拼字所創造出來的單字，可以清楚看到，他們對字音與字母發音一致原則的依賴。

　　若你質疑聽知覺對拼字的重要性，可以想一想有閱讀困難症的人，他們所拼出來的「怪字」，常常和發音之間沒有合理的關聯（Perfetti 1992）。另外一個明顯的例子是，有閱讀困難症的學生，其最常見的問題就是，無法分析他們所聽見單字的音節和音素（Clark 1992）。他們拼出怪字的現象，很可能就是因為聽知覺方面的問題。

　　當我們在拼字時，視知覺與聽知覺確實發揮了互補的作用。孩子要拼寫一個不熟悉的單字，首先得聽辨出組合成這個單字的聲音，再從視覺記憶庫裡找出能與聲音對應的適當字串，寫下單字之後，再利用視知覺來檢查，自己寫下的字是否正確。

運動知覺：用「手」拼字

　　所謂運動知覺，是指當我們活動時，藉由肌肉與關節內的感覺神經，知覺到身體各部位的位置與動作。既然拼字與書寫動作有密切關係，因此我們假設運動知覺記憶與學習拼字有關並不為過。一個優秀的拼字者，能以反射動作不加思索地寫出某個非常熟悉的單字時，確實是運動知覺記憶發揮了功能。尼古斯（Nichols 1985）曾經提及：「最記得如何拼字的，是你的手。是手的運筆記憶，幫你寫出正確的單字。」常常寫字也許是建立記憶的方式之一，而研究有常見字序的單字族群，如'gate、date、late、fate、mate'，也是建立拼字正確印象的方法。

　　我們常常聽到一個建議，那就是拼字時不要以字母為單位，而要以功能性的常見字串為單位。因此，當我們在教小朋友寫字時，從一開始就教他們字母連寫似乎是比較有益的，而不是先教印刷體之後才教可連寫的手寫體。用一個流暢的動作把字母連結起來，可以幫助孩子發展常見字串的知覺和記憶（Cripps 1990）。

視知覺、聽知覺、和運動知覺的相對貢獻

　　在拼字時，視知覺、聽知覺、和運動知覺發揮作用的程度，似乎隨著拼字者對單字的熟悉程度而改變。在拼寫不熟悉的單字時，顯然需要藉助聲音元素來尋找線索。而完成的字可以用眼睛檢查，看看寫出來的字看起來是否正確。例如，當孩

子試著拼 'WORK' 這個字的時候，/W/ 和 /RK/ 應該可以從字音解析出來，而孩子必須用他的視覺記憶來查核 WORK 的母音是 O 而不是 E（Jorm 1983）。至於非常熟悉、常見的單字，如 'and'、'the'、'are' 等等，大概只要藉助運動知覺記憶就可以寫出來，同時可利用視知覺檢查字形。

拼字者的個別差異

如我們所提的，在拼字時會用到三種知覺印象：

- 視知覺——字的外形；
- 聽知覺——字的聲音；
- 運動知覺——寫這個字時的感覺。

有些專家會加上：

- 口腔運動知覺——說這個字時的感覺。

有些學生似乎特別依賴某種知覺，教師也許需要教導他們，盡可能地利用各種知覺。例如，如我們之前所提的，有閱讀困難症的學生，通常在語音技能方面特別弱，因此他們在拼字時，會過度依賴視覺記憶。給予他們特別的語音訓練，對於他們的拼字能力，會有正面的效果（Ball & Blachman 1991）。

教師可以從學習困難學生所拼寫出來的字，看出他們目前的技能水平，以及其特別的需求。這些學生最常見的問題之一，就是過度依賴語音知識，把不規則的單字也規則化了。他們顯然在語音階段停留太久。會犯這類錯誤的學生，似乎缺乏

檢查單字外觀形狀的必要策略，即使校對自己寫的東西，也看
不出錯在哪裡。

教學方法

全字教學法

此教學法是要學生記住每個單字整體的外觀，而不是去注
意單字的發音和音節。研究結果顯示，此教學法能夠訓練孩子
的專注力，並且改善孩子字序方面的視覺印象記憶（Sears &
Johnson 1986）。

要增強孩子的視覺作用，最簡單的方法就是，利用閃示卡
來教學。閃示卡用在不規則單字的教學上，特別有效。對拼字
時過度依賴語音知識的學生來說，閃示卡是幫助他們暫時拋開
語音知識的，最簡單且有效的工具。首先，教師將印有單字的
閃示卡呈現給學生看，同時清楚地讀出這個字，並且指出單字
的特徵，以加強學生的印象。接著，教師要鼓勵孩子，在腦海
裡複製這個單字的圖像，並且檢查自己複製的圖像是否正確。
再來，教師就必須要求學生閉上眼睛，用手在空中寫出這個單
字。幾秒鐘後，教師再讓學生憑記憶寫出這個單字，並且清楚
地讀出來。最後，教師再提示閃示卡，讓學生對照自己是否正
確。

彼德斯（Peters 1985）所提倡的「看─蓋─寫─核」，就是
以這些原則為基礎。為了將語音的重要性加入這個系統，有些

教師增加了「說」的步驟，將此策略更改為「看—蓋—寫—核」。此策略的步驟如下：

- 仔細地看字，清楚地說這個字，試著記住每個細節。對某些學生來說，用手指順著字跡摹寫，也許可以幫助他們記憶字序。
- 把字蓋起來。
- 憑著記憶寫出這個字，在寫的時候輕聲地說。
- 核對所寫的字，如果寫得不對，重覆這四個步驟直到寫對為止。
- 教師在幾天、幾個星期後必須查核學生是否還記得。

「看—蓋—寫—核」拼字教學，遠比機械式地背誦單字要好得多，學生學會這個方法之後，可以自己應用在任何不規則單字的學習之上。教師也可以讓學生兩兩一組，互相檢查是否正確地遵循步驟。據說，五歲的孩子就可以開始學這套拼字策略了（Peters & Smith 1993）。

現在市面上已有許多專為發展拼字技能而設計的軟體，教師必須慎選對學生有助益的設計。要注意，有些軟體的拼字法以字母為單位，這並不是能有效幫助學習的設計。

語音教學法

在學習簡單，且恰好符合字母發音一致的原則的單字時，用「看-蓋-寫-核」策略就不太恰當了。語音教學法鼓勵學生，注意單字的發音和音節，並寫出最可能代表這些音的字母或字串。雖然有百分之三十的英文單字不遵從發音規則，但是還有

百分之七十的單字，能夠適用字母發音原則。

如果學生要依靠語音來拼字，那麼他們需要的語音知識，不僅只是單一字母的發音，還要加上字串的發音。學生精熟各種字串的發音之後，能夠依發音規則拼出來的單字數量，就會顯著地增加。

字素教學法

字素教學法，教導學生利用最小字義單位（morpheme）的知識來拼字。例如，'recovered' 與 'unhappiness' 這兩個單字，都包含三個最小字義單位（re-cover-ed，un-happ[y]-ness）。後者也正是一個合併字素時，y要變i的規則實例。教師在使用字素教學法時，也必須教給學生這些規則。

拼字規則

有些學者專家建議，教師應該教導學生拼字規則，可是依筆者本身的經驗來看，要教學習困難學生拼字規則，是非常困難的。也有人說，因為規則通常比單字本身還要複雜，所以不應該教學生規則（Cripps 1978）。從許多研究看來，幫助學生拼寫他們在寫作時真正需要用到的字，會比較容易。教師應該也要同時教導他們學習新單字所需的策略，而不是把時間花在練習複雜的規則上。然而，對某些學生來說，拼字規則也許有其價值，特別是對那些智力中上，並有特定學習障礙的學生更是如此。簡單而少有例外的規則，顯然是值得教的，教師應該以明確的方法教給學生。

聽寫

聽寫是一種傳統的測驗方式，然而，除非測驗是爲了診斷學生的學習狀況，否則聽寫測驗就沒有存在的必要。

有人認爲，聽寫可以幫助學生發展聽力和專注力，同時也提供學生有意義的文字經驗。在這樣的概念下，他們建議在聽寫之前，應該讓孩子先閱讀材料，這也讓教師有機會先指導特別困難的單字。

另一個聽寫的作法，把重點放在學生的校對和自我訂正上。教師先讓學生聽寫一段難易適中的文章，然後給學生一段時間檢查，並修改他們覺得不正確的部份（可以讓學生用不同顏色的筆修正）。教師在查核學生的成果時，可以從兩個角度來觀察。首先，看看孩子有能力訂正哪些字（或至少知道哪些字是錯誤的）。其次，看看孩子寫錯哪些字卻不自知。如果孩子寫錯的，是他應該認識的字，教師就必須盡力教導孩子其正確拼法。因爲，這些該會卻不會，或無法察覺其錯誤的單字，恐怕在孩子的記憶中，已經以錯誤的樣子定型了。

如果教師在進行聽寫時，特別強調難辨的字音與音節，對學生語音技能的發展，也可能會有所幫助。

該用字彙清單嗎？

把各年級生應該認識的單字，編纂成字彙清單的做法，差不多已經被捨棄了。然而，拼字表仍然是許多拼字教學的核心。教師們最常問的問題是：「讓學生依照拼字表，學習拼字

的效果最好嗎？」如果拼字表上所列的單字，都是學生在寫作時確實需要用到的，那麼，這個問題的答案當然是肯定的。但如果拼字表的單字乃出自其他選取標準，例如外觀或發音的類似程度，那麼教師是否使用這種字彙列表，就必須視學生的特殊需求來決定。

　　單字表或字群的價值，在於它們能夠幫助學生建立常見字串的知識，例如 -ight、 -ought等等，這類知識可以幫助學生，以較合理的方式，嘗試拼寫不熟悉的單字。當然，這類單字表的限制，在於它們總是無法適時地提供學生亟需的字彙。對拼字能力最弱的學生來說，最有用的拼字表，應該依個人需求與常見錯誤來編纂，教師可以為這類學生選列一張「我覺得困難的字」列表，並將其貼在學生練習簿的後面，讓學生在打草稿或是校對草稿時能夠利用。

發展拼字策略

　　當學生面對各種不同的單字時，能夠選擇最適當的策略，來學習每一個單字，就表示他們的拼字技能已經純熟、獨立。例如，他們看到一個單字時，必須能夠判斷這個單字在發音上是不是規則的。如果是不規則的，他們也許需要應用「看-蓋-寫-核」策略，也許還要不斷重覆書寫，以加深印象。對某些不規則單字，他們也許還需要應用一些簡單的拼字規則。如果是規則的單字，他們也能知道，只要依循發音原則，就可以輕鬆地拼出這個單字來。

　　並非所有學生都可以輕鬆地到達這個階段，許多孩子需要

學習方法的教導。如果任由學生自由發展，有些孩子根本無法發展出系統化的學習策略。他們也許只能死背單字，也許根本放棄拼字的學習。若教師想幫助拼字困難學生，最重要的是，教導他們採取有效的學習生字策略。

　　在認知與後設認知的拼字教學中，學生將學習到一套自我調整的策略。例如，他們將學會問自己「這個單字我聽到幾個音節？」、「我寫的單字有幾個音節？」、「我寫的這個字看起來對嗎？」等等。如王氏（Wong 1986）所說：「有效的拼字教學包括兩大要素：語音知識與拼字策略知識。」拼字策略必須包括，讓學生主動檢查拼字是否正確的步驟。

　　如同本書所一再強調的，在教導學生任何學習策略時，教師所扮演的關鍵角色就是要示範有效的策略，並以「自問自答」的方式，示範如何拼字、檢查、自我訂正。

補救教學法

口頭拼字

　　此教學法適合任何年齡的孩子，曾有人將它應用在一對一的拼字補救教學上，效果十分顯著。此方法包含五個步驟：

- 選擇想學的單字，由教師示範發音；
- 學生清楚地發出這個單字的音，一邊仔細地看這個單字；

- 讀出每個音節（或是將單音節的字拆解成字首與韻）；
- 讀出構成此單字的字母兩次；
- 寫出這個單字，一邊讀出所寫的字母。

重覆書寫

有些教師認爲，重覆書寫正確單字，無法幫助學生改正拼字錯誤。因爲，學生在做這種機械式的練習時，可以完全不經大腦，一旦如此，這種練習就無法幫助孩子記憶單字。如果學生在重覆書寫練習時，腦子想著別的事，這樣的練習確實只是浪費時間。不過，倘若學習者有心改正自己的錯誤，並且全神貫注在重覆書寫的工作上，這樣的練習就非常有幫助。經過這樣的練習，學習者可以建立這些單字的運動知覺記憶。

老拼法與新拼法

林登（Lyndon 1989）認爲，有些學生總是無法改正習慣性的拼字錯誤，其原因之一可能是，心理學上所謂的「前攝抑制」。「前攝抑制」意指，先前學習得到的訊息，干擾了記憶新訊息的能力，也就是說先前學習到的訊息會得到保護，而不受改變。

林登的教學法，稱爲「老拼法與新拼法」，是利用學生的錯誤做爲改變的起點，利用舊有的拼字記憶來認知新的（正確的）拼法。以下是此教學法的步驟：

- 學生以平常習慣的拼法（錯誤的），寫出單字。

- 教師與學生同意，將此拼法稱為「老拼法」。
- 教師為學生寫出新的（正確的）拼法。
- 研究老拼法與新拼法之間的同異。
- 學生再以老拼法寫一次單字。
- 學生以新拼法寫出單字，並且討論這兩個字之間的差異。
- 以老拼法寫、再以新拼法寫、說出這兩個字的差異，如此重覆五次。
- 以新拼法寫六次，用不同顏色的筆或是用不同的字體。如果是年紀較大的學生，可以要求他們用新拼法的單字，造六個不同的句子。
- 兩個星期之後複習教過的單字。
- 如果需要的話，每兩個星期重覆一次此過程，直到新的（正確的）拼法牢牢地烙印在學生腦海裡。

拼字思考活動

　　此教學法適用於學習障礙的學生，教學內容基本上就是單字的研究，由教師幫助學生，分析、比較一組或更多的單字，進而將單字分類。這麼做的目的，是為了提升學生的拼字模式知覺，也讓他們更瞭解複雜的字母發音原則。例如，學生也許分析、比較的是發長音 /a/ 的單字，他們將會發現不僅 'ay' 會發長音 /a/（pay），'ai' 也會發長音 /a/（nail），此外，字尾若為 e，則單字中的a也會發長音 /a/（lake, mate, made, late）。學生在分析、比較之後，就可以把類似的單字分類，或是確認某個單字是此一原則的例外。後續活動可以包括，在閱讀材料裡尋

找符合這項原則的單字，並且將這些單字加進分類表內。

最後的重點提示

教師在設計拼字教學時，必須牢記以下幾個重點。

- 對於拼字能力最差的學生來説，每天不斷地練習是必須的。教師每星期也必須進行複習與測驗，以確定學生已經熟悉學過的拼字技能。
- 每過一段時間，就把學生時常需要用到的單字，整理成字彙清單，然後利用清單來做複習與評量。
- 學生在學習拼字技能時，除了要以系統化的學習策略瞭解單字結構、拼字模式，還必須特別注重訂正常常拼錯的單字。
- 不斷重覆與過度學習，是重要而且必需的。各種與拼字相關的遊戲，是達到此目的有效的做法。遊戲內容必須與教學目標密切相關，否則就會失去以遊戲來加強學習效果的意義。
- 對於年齡較大的學生，教師應該利用各學科的內容，來幫助學生學習拼字。
- 利用圖表來記錄學生進步的狀況，讓學生看到自己的進步。
- 在訂正拼字錯誤時，必須整個單字重寫，而不是只更正錯誤的字母。
- 讓學生大聲拼字的效果仍有待證實，畢竟，拼字基本上

　　屬於書寫活動。當學生以聲音代替書寫來拼字時，字形、字序等重要線索，全部都被忽略。

· 學生能否快速而輕鬆地寫出工整的字跡，與學生的拼字能力有關。當然，這並不是說字寫得好，就會拼字拼得好。但可以確定的是，當學生有書寫困難，或連字母筆劃都不能確定時，當然會阻礙拼字技能的發展。

實作演練：融合的教學策略

　　爲親師刊物寫一篇短文，說明在年齡介於七到九歲的混合能力之班級裡，要如何進行拼字教學。同時給家長一些建議，告訴他們可以做些什麼，來幫助孩子改進拼字技能。

摘要

　　本章所討論的教學技巧，大部分都可應用在普通班級，只需將主流的語言教學課程略做修改。教師必須在主流課程中，安排研習單字的時間，否則這個重要的主題永遠無法得到該有的注意。在孩子日常的閱讀與寫作課程中，進行拼字教學也是非常重要的，如果只是研習單獨存在的單字，這樣學來的拼字技能，很難應用在真實的寫作上。

討論

· 「拼字技能是自然發展而成的，不是教會的。」討論這句話。

· 教師要如何整理學生最常用的單字清單？教師該如何利用這種字彙清單？

· 調查並且評估坊間的拼字教學電腦軟體。

建議進一步讀物

Andrews, M. (1994) *Reading and Spelling Made Simple*, Camberwell: Australian Council for Educational Research.

Bentley, D. (1990) *Teaching Spelling: Some Questions Answered*, Earley: University of Reading.

Cheetham, J.S. (1990) *Teach your Child to Spell*, Melbourne: Hyland House.

Dykes, B. and Thomas, C. (1989) *Spelling Made Easy*, Sydney: Hale and Iremonger.

Fehring, H. and Thomas, V. (1989) *Spelling Companion for Writers*, Sydney: Horwitz Grahame.

Graham, S., Harris, K.R. and Loynachan, C. (1994) 'The spelling for writing list', *Journal of Learning Disabilities* 27: 210–14.

MacArthur, C.A., Graham, S., Haynes, J.B. and DeLaPaz, S. (1996) 'Spelling checkers and students with learning disabilities: performance comparisons and impact on spelling', *Journal of Special Education* 30, 1: 35–57.

Peters, M.L. (1985) *Spelling: Caught or Taught? A New Look* (2nd edn), London: Routledge.

Peters, M.L. and Smith, B. (1993) *Spelling in Context*, Windsor: NFER-Nelson.

Pumfrey, P. and Elliott, C. (1990) *Children's Difficulties in Reading, Writing and Spelling*, London: Falmer.

Watkins, G. and Hunter-Carsch, M. (1995) 'Prompt spelling: a practical approach to paired spelling', *Support for Learning* 10, 3: 133–8.

Wirtz, C.L., Gardner, R., Weber, K. and Bullara, D. (1996) 'Using self-correction to improve the spelling performance of low-achieving third graders', *Remedial and Special Education* 17, 1: 48–58.

第十二章

發展算術與解題技能

> 為了提昇教育水準，我們必須給予障礙學生特別的教學指導，幫助他們具備解決問題的能力，並且能夠靈活地應用基本學業技能。
>
> （Parmar, Cawley & Frazita 1996 p.427）

許多有學習障礙或學習問題的孩子，在學習數字概念、算術、和解題時會遭遇困難。我們將在本章討論其成因，檢視特定的教學方法，並提供實際的建議。

當代的數學教學法

建構數學

現今，大部分小學都採行「建構式」的數學教學法。在建構式的教學中，教師不會直接教給學生算術技能，而是扮演創造學習環境的角色，提供機會讓孩子發覺數學上的關係、解決

真實的問題，讓孩子為自己建構意義（Green 1993; Elliott & Garnett 1994; DeVries & Zan 1995）。許多人認為，在發展較高層次的認知技能和策略上，建構式的教學法能給孩子最多的助益。

然而，建構式教學並非毫無爭議。有人質疑，這種以學生為中心的潛移默化式教學，能否真的讓孩子學會數學（Hunting 1996）。他們認為，數學這個科目有太多東西該學，要讓孩子學好數學，有技巧的教學方法和課堂時間的妥善利用，是不可或缺的要素。還有人指出，建構式的數學教學並不適合某些孩子，甚至可能是導致這些孩子學習困難的根源。研究顯示，明確的直接教學對某些學生來說是較有利的（Pressley & McCormick 1995）。

我們的結論是，數學教學必須包括一定份量的明確指導，以及建構式教學所珍視的教學活動和情境。學生所需的明確指導份量因人而異，我們能夠肯定的是，學習困難與學習障礙學生，將從直接教學中得到最大的幫助。

分組活動

應用明確教學法，並不表示教師無法利用分組活動讓學生合作學習。研究發現，設計良好的分組活動，能夠提高學生的學習成就與學習動機（Good, Mulryan & McCaslin 1992）。分組活動，讓學生有機會互相討論、分享觀念，這對於瞭解數學的關鍵概念很有幫助。不過，我們必須注意，有些學生無法從分組活動獲益，尤其是個性被動、總是仰賴其他學生意見的孩子。教師在幫孩子分組時，必須注意這個問題，要讓每個孩子

都能有效地參與活動。

分組活動面臨的另一個問題是，專為合作學習所設計的數學教材，實在太缺乏了。設計教材的工作通常得由教師承擔，額外的負擔可能使教師乾脆放棄分組活動的教學型態。我們也不難看見，許多班級雖然讓學生分組而坐，但學生所做的卻是個人的數學作業。這種安排只會造成學生的困擾，降低學生的學習成就。

教學品質

有時，教師在教學習困難學生數學時，所教的內容並不適合他們當下的能力或學習速度（Elliott & Garnett 1994）。以下是低品質教學的特徵：

- 教師的教學速度，遠超過學習困難學生的吸收能力，導致這些學生因落後而感到挫折。
- 教師所進行的建構式教學活動太過鬆散，導致這些學生無法從這類教學活動中得到任何收穫。對許多學生來說，只是經驗某種學習過程並不足夠，教師必須給予他們嚴謹的後續教學，才能讓他們從這些過程中，學習到寶貴的知識。
- 教師在解釋數學上的關係或提出問題時，所使用的語彙超過這些學生的理解程度。
- 教師太早教給孩子抽象的概念，沒有利用實物或生活的實例，來幫助孩子理解；或者是不當地使用實物教具和

例子，導致學生反而更加困惑。

- 由於閱讀困難學生通常看不懂應用題，教師只給閱讀困難學生做單純的算術。只教計算技巧是不夠的，這種沒有真實意義的學習，學生很快就會忘記。

- 教師在學生充份掌握簡單的數字關係之前，就開始教學生更大、更複雜的數字。

- 課程以直線的方式安排，教完一個主題就進到下一個主題。數學課程應該以螺旋形的方式安排，必須時常複習關鍵概念和計算方法。時常複習是長期保留並掌握知識、技能的關鍵，低品質數學教學的特徵之一就是，教師很少做複習的工作，並且示範得不夠清楚，給學生的指示性練習不夠、改正回饋太少。

與建構式教學的狂熱支持者的猜測正好相反，採行有效教學的數學教師，反而更懂得如何建構課程內容，以便將重要的概念與技能傳授給孩子。這些教師的課總是清楚而精確，並且總能提供孩子豐富的實例與示範，讓孩子確實掌握數學上的觀念、作法、和策略。這些教師不僅扮演主動傳授知能的角色，同時也提供豐富的主動參與機會。

研究發現，能夠有效地教導孩子數學的教師，總是有組織地教給學生系統化的概念與技能。在他們的課程中，實際操作練習、分組活動、公開討論都扮演著重要的角色，學生在這些過程裡，能發展出對數學的理解與正面態度（Sutton 1992）。

近幾年，大家逐漸認同將數學與其他科目統合的觀念，尤其是在數學中使用閱讀與寫作技能。統合的教學方式，似乎能夠提高學生的學習慾望和參與程度，並且減輕某些學生的數學

焦慮（Bosch & Bowers 1992）。然而，採用統合的教學方式，並不表示我們可以忽略算術的基本技能教學。在設計任何教學方案時，基本的算術技能都應該列入優先考慮。

教具

在孩子學習數學的早期階段，我們強烈建議教師必須使用教具。這些具體物品，對學習困難和學習障礙學生尤其重要，因為實物可以幫助他們用眼睛看見數字間的關係。教具還能夠幫助教師，以具體方式呈現問題的文字敘述（Marsh & Cooke 1996）。不過，如果要學生從教具中學習到重要的數學概念和方法，我們就必須有效地使用教具。如果學生養成依賴教具的習慣，無法進展到以紙筆做數學，也是嚴重的問題。

診斷評量

學生學習數學遭遇困難，有各式各樣的原因。如同閱讀、寫作、和拼字一樣，數學補救教學的第一步，就是要確認孩子已有與欠缺的技能。換句話說，我們之前提過的診療模式，也適用在數學上。

不論我們採用何種數學教學法，都必須定期評量每個孩子的學習狀況。我們必須時時查核學生對新課業的理解程度，瞭解孩子是不是真的學會了某些技能。

數學評量的第一步，可以用正式考試的方式進行，用標準的試題卷來考核孩子的程度。不過，標準的試題卷通常無法診

斷孩子的學習問題，對於補救教學方案設計並沒有幫助。教師自己設計的考卷，反而能夠獲得更有用的訊息。以授課內容為基礎的評量，已獲得廣泛認同，此類評量最能幫助教師做出適當的教學設計。除了教師自製的試卷，我們還可以從學生的作業簿與練習卷，看出學生的學習狀況。評估學生所犯的錯誤，再針對某些技能做診斷測驗，是很有效的作法。專家建議教師要結合課堂表現記錄、作業簿查核、考試結果、與學生自我評量等訊息，來評估學生目前的能力。

我們可以利用分析法，找出學生會犯錯的數學基本運算，也就是將算式分解成幾個步驟，每個步驟都讓學生實際操作，這麼做就可以精確地檢查出學生之計算技能的問題何在。教師在設計數學考卷時，最好每種難度的題目都要出個幾題，這樣才能夠分辨學生所犯的錯是不小心的，還是根本不會。瞭解學生的錯誤，就能夠針對學生的需要，給予適當的教學。

教師應該建立一套教學記錄，將教過的概念、知識、和技能完整地記錄下來。這樣的記錄可以幫助教師掌握孩子的學習狀況，同時也能幫助教師決定教學的優先順序。

數學可分成具體、半具體、以及抽象三種不同的層次，瞭解學生能夠掌握哪些層次的技能，對於教師的教學非常有幫助。所謂具體，意指教師必須提供學生實物，他才能解出答案或完成算式。所謂的半具體，則是學生能夠以圖代替實物，加上符號的輔助，就能夠解出答案。在抽象的層次上，學生必須只藉由符號來解題。

當我們嘗試瞭解某個學生目前的能力時，可以問自己這些問題：

・這個題目為什麼做錯？

・如果讓他用實物來算或是用手指來數，他會答對嗎？

・他會不會解釋自己的做法？他哪裡不懂？

　　讓孩子自己解說答題時的想法，是非常重要的。我們可以從孩子的說明中，找到他出錯的地方，並且加以改正。許多教師總是拿著孩子做錯的題目，從頭再教一遍，卻仍然無法幫助孩子，找出並且克服真正的困難所在。

　　教師可以藉由與學生間的討論，瞭解學生的數學自信度、思考靈活與否，以及其解題策略。教師在評量學生的解題能力時，必須注意學生是否能夠做到這幾點：明白題意、瞭解相關的訊息、選擇正確的做法、推算出大約的答案、計算出答案、檢查計算結果是否正確。其實，評量數學的解題技能，與評量閱讀的理解技能間，有許多相似之處。

　　教師必須認知，教導數學的主要目的是，幫助孩子發展解決日常問題的技能，因此，這方面能力的評量就顯得格外重要。

三種等級的評量

　　瞭解評量的等級，可以幫助教師設計出適當的評量工具。一般而言，學習困難學生適用前兩個等級的評量。

第一級

　　如果學生的基本算術很差，就必須使用第一級的評量。此一等級的評量，幾乎全都必須以一對一的方式進行，並且需要

使用如積木、玩具、圖片、與數字卡等實物。

- 查核學生對與數相關的詞彙有多少理解（例如，「比……大」、「全部加起來」、「比……少」、「分成……」等等）。
- 查核學生對數字概念的掌握。

接著，依照順序查核學生以下的知識和技能。
學生能不能：

- 依某種屬性將物品分類（顏色、大小、形狀等等）？
- 依兩種屬性將物品分類？
- 以配對的方式產生同樣多組的物品？
- 正確地從一數到十？到二十？
- 辨認一到十的數字？到二十？
- 以正確順序排列一到十的數字？到二十？
- 正確地聽寫一到十？到二十？
- 瞭解序數的意思（第五、第十、第二等等）？
- 做簡單的加法（將教師寫下的，兩個小於十的數字相加。例如3+5＝　　）？
- 做簡單的減法（將教師寫下的，兩個小於十的數字相減）？
- 解答簡單的加法題目？
- 回答簡單的口述問題（兩個小於十的數字加法或減法）？
- 辨認不同幣值的硬幣和紙鈔？

第二級

如果學生的數學程度，比第一級稍微好一點，就應該以第二級的評量來檢核學生的能力。看學生能不能：

- 做簡單的加法心算（將兩個小於二十的數字相加）？
- 不用手指也不作任何記號，解答出簡單的題目？
- 做簡單的減法心算？加法心算和減法心算的表現，有沒有明顯差異？
- 做直式加法和橫式加法？

  $$3 \quad 與 \quad 3+5=$$
  $$+5$$
  ___

- 瞭解加法運算的交換律？（相加的數字交換位置，不會影響結果，例如 $3+5 = 5+3$）孩子在做加法運算時，總是以大的數字來加較小的數字嗎？或者不管數字大小，能夠總是由左加到右？（$2+8 = \quad 12+5 = \quad$ ）
- 瞭解加法的組合？（也就是某個數字的所有加法組合，例如，$5 = 4+1$、$3+2$、$2+3$、$1+4$、$5+0$、$0+5$）
- 瞭解加法與減法的相對關係（$7+3=10$，$10-7=3$，$10-3=7$）？
- 觀察實物操作之後，以書寫的方式記錄下來？
- 以實物操作某個書寫的等式（用積木示範 $12 - 4 = 8$）？
- 在聆聽一個簡單的生活化情境之後，以書寫的方式解題？（有7個人在公車站等車，公車來了，只有3個人上車。請問還有多少人在等車？）孩子能不能用心算解出這類題目（小於二十的數）？

- 認出並寫下一到五十的數字？
- 看時間（正確地讀出電子鐘顯示的時間）？看出最接近的整點？
- 背誦一星期的日子？
- 背誦月份？

第三級

如果學生能夠做到前兩個等級的大部分項目，或者能夠應付基本數學的大部分領域，那麼我們就可以考慮下列問題。學生能不能：

- 讀、寫到100的數字？到1000？正確地讀、寫金錢的總和？
- 以心算將數字減半或加倍？
- 用心算加出金錢總和？以往上加的方法算出應該找多少零錢？
- 正確地背誦乘法表？
- 正確地算出三位數和四位數的加法？不需進位的？需要進位的？
- 瞭解二位數每個位置代表的數值？三位數呢？四位數呢？
- 正確地算出多位數的減法？不需要借位的？需要借位的？觀察孩子的減法運算過程，是非常重要的。他是直接用被減數來運算，或是利用減數做加法的逆運算？
- 正確地做出乘法的步驟？可以做到什麼難度？
- 認得分數與小數？（如$\frac{1}{2}$、$\frac{1}{4}$、$3\frac{1}{2}$、$7\frac{1}{4}$、$\frac{1}{10}$、$5\frac{3}{10}$、

0.8、5.9）

・正確地閱讀並解析簡單的應用題？

實作演練：以課程爲基礎的評量

　　準備某一等級評量所需的材料和題目，並且設計一份簡單的查核表，以記錄每個學生的評量結果。不要忘記，每個項目都要謹慎地分級，而且最好每種難度都要出幾題。

基本教學重點

　　要在簡短的幾頁裡闡述完整的數學教法，顯然是不可能的。不過，我們知道學習困難學生在學習數學時，所面臨的兩個最大障礙是，對數字的掌握與解題技能。我們將就這兩方面來討論。

基本數字概念和技能

數量守恒

　　數量守恒的概念，是所有算術的基礎，其意義爲，當有N件物品時，不管我們怎麼數（不管這些物品的排列順序），還是會有N件物品。五、六歲的孩子（有學習問題的孩子，則在

年紀更大的時候）在數同一組東西時，可能會因物品重新排列，而數出不同的數目來。我們必須給予孩子經驗，幫助他們瞭解數量守恆的概念，教導他們不要被自己的眼睛誤導了。許多學齡前的數學活動，如分類、數數、配對等等，應該都有助於數量守恆概念的基本發展。不過，有些孩子需要更明確的指導。

以下的活動和教具，可以幫助學生發展數量守恆的概念：

- 教師自行繪製不同數目之圓點、形狀的卡片，讓學生分類（每組卡片數目應該在十以下，並且不要教數字）；
- 對照圖形，找出相同數目的形狀；
- 數數，建立數字與物品一對一的對應關係，並且建立「一樣多」或「不同」的概念；
- 將物品（玩具、積木等等）與相同數目的圓點配對；
- 比較大小。

與數相關的詞彙，必須謹慎而系統化地教給孩子，對於能力最差的孩子，教師必須不斷重覆教導，直到孩子完全掌握這些詞彙為止（例如，相同、不同、比⋯⋯多、比⋯⋯少、全部、和⋯⋯一樣多）。如果學生對與數相關的詞彙瞭解非常有限，教師應該利用有意義的文本，來教導學生這些詞彙，因為不僅這些詞彙本身重要，伴隨這些詞彙的文句構造也很重要。例如，「這張圖中，狗比貓多嗎？」、「算算看，汽車比公車多多少？」、「用5公分半徑畫一個圓」等等。

對於學習困難學生，教師在教導新概念時，應該盡可能地簡化所使用的語彙，如果是無法簡化的基本專用名詞，就必須徹底地教會他們。教師還應該教導學生，辨識書本上的數學術語。

數數

數數是最基本的初級算術技能，如先前所述，數數能夠幫助孩子發展數量守恆的概念。如果孩子還不會精確地數數，教師應該施以明確的直接教學。通常，孩子的問題是，無法將唱數與數數的動作做正確的一對一連結。如果孩子數數的動作有困難，教師也許需要引導他們的手做數數練習。手指遊戲與數數的童歌童謠，可以幫助年幼的孩子掌握數數技能。

數數最終將發展成加法的「接下去數」策略，以及減法的「往回數」策略。某些學生，也許需要教師直接教導這些策略。

認數字

教師可以利用各種遊戲，來讓孩子熟悉數字符號，其中，賓果遊戲是不錯的選擇。教師可以自製一些賓果遊戲卡，除了在認數字的階段可以利用，也可以在練習加法或減法時使用（卡上的數字，代表教師所出題目的答案）。

數字卡除了可以幫助學生認數字，還可以用來幫助學生，學習正確的數字排列順序。

教師在教孩子認數字時，必須同時教他們寫，正確地書寫數字就和正確地書寫字母一樣重要。

記錄

有些學生需要更多時間，才能掌握數字符號，並完全以數字來做數學。年幼的孩子常以圓圈、短線、或其他圖形來表示數，然後漸漸地以數字取代圖形，最後完全以數字記錄。當孩

子不再需要圖形時，表示他們已經完全掌握數字符號所代表的涵義。

數據

算術的功能性知識包含兩大要素：能夠輕鬆地從記憶中取出的數據知識（一看到9+9就知道答案等於18、一看到9×9就知道答案等於81）以及與計算過程相關的知識。當孩子對數據非常熟悉，就可以輕鬆地做好算術解題。

幫助孩子，發展基本的數字連結之直覺反應，是非常重要的。有了這種直覺反應，孩子就不需要每次碰到7+3都要用手指數一遍，而可以立刻得到10。能夠輕鬆而快速地得到數據之所以重要，有兩個主要原因，其一是它使計算變得更簡單，再者它讓孩子空出多餘的時間，以進行更深入的瞭解（Ginsburg & Baroody 1983; Agudelo Valderrama 1996）。數據知識，基本上是經由不斷重覆學習得來的（經由不斷接觸而記在腦子裡），而對運算規則的掌握也有助於數據知識的建立（例如，任何數字加零還是等於原來的數：3+0=3、13+0=13等等，又如，如果7+3=10那麼7+4一定「比10多1」等等）。

許多學習障礙學生無法輕鬆地建立數據知識，需要教師花更多的心力來幫助他們。以下的建議也許能夠提供教師一些幫助。

每日速算練習卷　　我們不能低估每天短短幾分鐘的練習，對仍需建立數據知識的學生來說，這種練習具有極高的價值。學生應該把目標定在，超越自己前一天的成績，和自己而非其他同學競賽。若學生依自己的速度工作（如果需要的話，可以利用實物或畫圖來數數），算對的可能性就會大幅提高。這種

作法比每天給學生十題心算題更有效，因為後者只會讓學生發覺自己的心算能力有多糟。

　　每日速算練習卷具有重要價值，而發展算術技能的最終目的是，要幫助孩子具備解題的能力。所以，提供機會讓孩子應用數據知識和算術技能，來解決真實的問題，是非常重要的。

算數遊戲　　幾乎所有需要計分的遊戲，都可以用來練習簡單的加法或減法，讓學生熟悉數據。沙門（Salmon 1990）建議，教師必須謹慎地設計或選擇遊戲，因為遊戲的目的是要完成教學目標，而不是提供學生娛樂。教師必須教孩子遊戲規則，並且讓孩子瞭解他們能夠從遊戲中學到什麼。

　　有許多電腦軟體，能夠讓學生反覆練習算術，而不感到枯躁無聊。曾有人結合電腦的算術練習，與基本的數據記憶訓練，來教導學習困難學生。結果證明，這種作法能夠有效地發展孩子對數據的直覺反應。

計算與演算法　　在學生能夠掌握數字後，就要開始教他們傳統的直式與橫式運算。孩子應該在看過題目後，能以直式或橫式寫出算式，並進而計算出答案。例如，有兩堆積木，一堆有12個，另一堆有13個，問總共有多少積木時，孩子應該要會寫出

$$12+13=25 \qquad 或 \qquad \begin{array}{r} 12 \\ +13 \\ \hline 25 \end{array}$$

　　教師也可以逆向運用這個過程，先給學生一個算式（20 - 13 = 7），然後要他用實物來說明該算式的意義。數棒和積木都是非常實用的工具，體積較大的積木尤其適合操作技能較差的孩子。

　　學習困難學生在此發展階段，需要長時間的計畫性教學。
教師必須確定，這些學生確實已經學會運算法。只要學生進入
應用基本四則運算的階段，就應該加強對思考與推理能力的要
求。

　　學生應用算術來解題時，其理解程度可分為兩種。一為基
本程度的理解，我們稱之為「工具式的理解」（知道要做什
麼、什麼時候做，因此能夠選擇適當的作法來解題並且正確地
完成計算過程），在這個階段，學習者知道要做什麼，但不一
定能夠深入瞭解為什麼要這麼做，例如，當碰到分數除以分數
時（如，$2/3 \div 3/4$ ），學習者會知道要將除數的分子與分母對
掉再和被除數相乘（ $2/3 \div 3/4 = 2/3 \times 4/3 = 2 \times 4 / 3 \times 3 = 8/9$
），但不一定理解為什麼要這麼做。較高程度的理解，我們稱
之為「相互關係的理解」，在這個階段，學習者完全瞭解為什
麼。我們當然希望，能夠幫助所有孩子完全理解所有計算過
程，但是，憑心而論，相互關係的理解，可能是低能力學生無
法達到的。然而，教這些孩子選擇適當的作法來解題，並且正
確地計算出答案，是絕對可能的。畢竟，解決日常生活與算術
相關的問題，只需用到這種程度的技能。

　　這樣的問題讓我們聯想到，是不是應該讓某些學生利用計
算機來避免計算方面的困難呢？對某些計算技能很差的學生來
說，要求他們用紙筆做計算只是浪費時間而已，計算機確實能
夠解除他們的一大障礙，讓他們迅速而正確地計算出結果，而
教師可以利用節省下來的時間幫助這些學生學習如何選擇正確
的作法來解題。這麼做的結果是讓這些學生有更多時間學習解
題技能！不過，有趣的是，有些學生寧可不要使用計算機，因
為當他們能夠靠自己的努力解出問題的答案時，他們才能得到

學習數學的樂趣和滿足（Ruthven 1995）。

可想而知的是，在可見的未來，許多教師仍然會希望在允許學生使用計算機之前先教他們傳統的計算方式。以下的段落是爲這些教師而寫的。

教學生以語言自我引導具有重要的價值，例如，在做減法運算時，可以這麼說出步驟：

$$
\begin{array}{r}
5\,{_7}8\,{^1}1 \\
-\;1\,3\,9 \\
\hline
4\,4\,2
\end{array}
$$

可以教學生說：「開始計算581減139，1減9不夠，所以要向十位數8借1，在1旁邊寫1，8借1剩7，在8的旁邊寫7，現在我可以用11減9等於2，7減3等於4，5減1等於4，所以答案是442。」

如果有助理教師或家長義工在教室裡協助，教師必須事先讓他們知道，學生用來引導自己做加法或減法的用詞，以免造成孩子不必要的困擾。

近幾年來，許多人反對這種機械式的學習，他們認爲，這些方法使能力較好的學生，無法發展出更具思考性、更快速的計算方法。盲目地遵從一套運算法則，甚至連「工具式的理解」都談不上。然而，對於沒有算術才能的學生，教師只能盡量教導基本的運算方法。沒有這套機械式的方法，低能力學生很可能會完全迷失在數字當中，並且嚐盡挫折。

如果學生能夠進行某種程度的「自我監督」，就可使這種計算法超越機械式的學習層次。「自我監督」可以幫助學生記得如何完成步驟、如何自我訂正。

教學生其他的加法與減法策略，十分重要。而且最好是那些能夠幫助學生發展理解能力的策略。例如，當學生面對47 + 17 = ？時，我們可以教他們重新組合數字，47 = 40 + 7，17 =

10 + 7 ，這麼一來，學生很快就能夠算出十位數加起來等於50，個位數加起來等於14，50 再加上14 就等於64。這種方法比直式運算不容易出錯，而且也能幫助學生瞭解數字的結構。

如果是減法，過程如下：

（53 - 27 = ）　　53 等於 40 + 13

27 等於 20 + 7

40 - 20 = 20

13 - 7 = 6

所以答案是 26。

當學生對這種方法產生「相互關係的理解」時，出錯的機率就會大幅降低。

研究發現，在成人的日常生活中，乘法和除法並不具有重要的價值。當然，會乘法是有用的，但是不會乘法的成人，一樣可以用加法解決問題。當教師在設計數學課程內容時，加法和減法應該擺在第一位，乘法第二位，最後才是除法。對於能力有限的學生，計算機是解決其乘除困難的最佳方法。

實作演練：計算機 vs 紙與筆

許多教師，仍然不能接受在數學課堂上使用計算機。談談你自己的看法，並且說說計算機對低能力學生有什麼價值。

你對於傳統計算方法的教學，又有什麼看法？

對於有知覺障礙或統合問題的學生，在要求他們做紙筆計算時，通常需要在他們的練習本上畫格線，以幫助他們把數字寫在正確的位置上。有些學生會有「反向」的問題（例如，把61寫成16），需要教師給予特別的教學以克服這種傾向。

心算：有存在的價值嗎？

在初級數學課程中，心算幾乎佔有神聖的地位。如果教師利用心算活動來複習和練習重要技能，並且針對學生的錯誤進行改正回饋，那麼花在心算活動上的時間就不算浪費。然而，在許多教室中進行的心算活動，往往只是流於形式，有心算困難的學生，仍然沒有得到需要的幫助。

對於處理聽覺訊息能力較差的學生，教師在口述題目時，把數字寫在黑板上對他們有很大的幫助。例如，教師出題說，「紅隊得9分，藍隊得7分，綠隊得12分。三隊總共得幾分？」教師一邊出題一邊將9、7、12等數字隨手寫在黑板上。關鍵訊息以視覺型態出現，可以幫助更多學生心算出結果。

口述題目，對聽覺有損傷的學生來說，當然特別困難，利用黑板寫出關鍵數字，可以將這些學生的困擾降到最低。

發展解題策略

數學教育的根本目的是，教導學生解決問題。學生必須學會應用算術技能，否則學習算術是毫無用處的。解題

需要應用閱讀、計算、和其他與解題過程相關的技能。

（Enright & Choate 1993 p.280）

在解決問題時，學習困難學生常常滿臉困惑。他們可能有閱讀方面的困難，也可能無法理解某些專用術語的含意，還可能不確定該用哪些作法。教師必須明確地教給這些學生有效的策略，讓學生在面對問題時，不會手足無措。學生應該有能力從問題中篩選出相關的訊息，並且加以組織（Carpenter 1985）。

解題的四個步驟

例題：某商店在夏季的某一天賣了485罐冷飲，若用6罐裝的飲料紙箱來計算，那天一共賣了幾箱飲料？

步驟1：瞭解問題　　教師用提問的方式，幫助學生把注意力放在問題的相關訊息上。

> 「一共賣了幾罐飲料？」
> 「每個紙箱可以裝幾罐飲料？」
> 「如果一箱裝6罐，那麼兩箱共有幾罐？」
> 「這個問題是要我們做什麼？」

光是叫學生「想想看!」，或是「再看一次題目!」對學生一點幫助也沒有。

步驟2：計劃解題　　教師要鼓勵學生，思考解決問題的可能方法。如果需要，教師可以提供一些建議。

> 嗯，我們可以這麼做嗎？我們能不能去找485個罐子來，把它們6個6個分組？我們需不需要這麼做？我們還可

以怎麼做？我們可不可以做個像圖表之類的東西？畫圖對我們有幫助嗎？

　　大部分的專家都非常強調讓學生畫圖的重要性，因為畫圖可以幫助學生將問題具體地呈現出來。然而，有些學生不會主動應用此一策略。

步驟3：嘗試解法　　　學生開始嘗試解法，也許經由嘗試錯誤法，得到一個合理的答案。

步驟4：檢閱問題與解法　　　教師要鼓勵學生重新再看一次題目，並且檢查他們的解法，是否符合題目的要求。

　　　「強尼，你的答案是2910個紙箱。你覺得這個答案合理嗎？」

　　　「琳達，你的答案是81個紙箱。可以告訴我們，你是怎麼算出來的嗎？」

　　解題的最後步驟非常重要，因為，這個步驟讓學生可以重新思考自己的解題方法，也讓學生有機會聽聽別人的解題方法。「自問自答」（用語言傳達思考過程）是教師示範解題步驟的重要方式，在指示練習的過程中，教師應該鼓勵學生，在練習的同時，說出自己的想法。

　　沙蘭（Salend 1994）提出的解題方法包含七個步驟：

・閱讀問題，尋找與作法相關的關鍵字眼（例如，總共、少了、剩下、花掉、比……多等等）。

・再看一次題目，找出相關訊息，略過不相干的細節。注意題目要求的單位（元、公分）。

・將問題視覺化、具體化，畫圖或是在腦子裡想像畫面。

‧寫下計算的步驟。

‧概算一下答案，想想這樣的答案是否合理。

‧解題，一步一步計算出結果。

‧檢查答案，與概算的數字比較一下。檢查計算過程，檢查單位是否正確。

將解題策略簡化成口訣，可以幫助孩子記憶解題的步驟。例如，"RAVE CCC"，其中的RAVE代表的是：

‧R = Read 閱讀問題。

‧A = Attend 注意與作法相關的字眼。

‧V = Visualize 將問題視覺化。

‧E = Estimate 概算一下可能的答案。

而CCC指的是：

‧C = Choose 選擇要用的數字。

‧C = Calculate 計算結果。

‧C = Check 檢查答案。

哈勒漢和考夫曼（Hallahan & Kauffman 1994），也提出另一個解題策略口訣－'DRAW'：

‧D = Discover 找出運算子（加、減、乘、或除）。

‧R = Reread 再讀一次題目，畫圖。

‧A = Answer 解答問題。

‧W = Write 寫下答案與正確的單位。

教學生解題最重要的是，教導他們如何篩選關鍵訊息。學

生必須學會看懂題目中，各敘述間的相互關係。這部份，基本上是閱讀理解的問題。

　　事實證明，只要教師能夠多花一點時間，一定可以幫助學習困難學生，使他們解題技巧更爲純熟。如我們之前所提，允許學生使用計算機，也可能是節省時間的好方法，與其把時間花費在機械式的計算，不如利用這些時間，讓孩子練習解題策略。計算機並不會妨礙學生計算技能的發展，反而會讓學生對數學產生更正面的態度（Campbell & Stewart 1993）。

實作演練：解題

　　簡要地寫下，你用來幫助學習困難學生解決下列問題的策略。

　　三年七班有25個學生，他們的班級圖書館原本有102本書，現在又增加了98本。他們想要把全部的書都貼上標籤，如果要全班平均分配這項工作，每個孩子必須爲幾本書貼標籤？

課程內容

　　有時候，教師必須爲學習困難學生修改教學內容，因爲，在主流的數學課程中，有些傳統主題，對這些學生太複雜，也太抽象。

　　基本算術的社會期望調查，可以幫助教師決定，學習困難

學生應該從數學課中學到什麼，一般人認為實用的數學包括：數數、九九乘法表、四則基本運算、貨幣管理、時間和度量。常見的分數和簡單的座標，對日常生活也有幫助。

以下內容，是一群中、小學教師認為低成就的中輟生必須具備的基本知能，附上星號的項目，是能力非常低的學生可以略過的。

必備的知識與技能

基本數字

· 認得數字，能夠正確地數實物的數量。
· 瞭解數序，理解數位（個位、十位、百位……）所代表的數值，建立基本數據的直覺反應能力。
· 十進位的基本算術（特別是加法和減法）、估計合理結果的能力、能使用基本運算方法來解題。
· 基本的乘法和除法（不反對利用九九乘法表或計算機），間隔地數數（兩個一數、五個一數、十個一數、百個一數）。

貨幣

· 認得硬幣和紙鈔。
· 能夠數錢、找錢。
· 不同貨幣單位的基本運算（尤其是加法和減法）。
· 簡單的編列預算、與銀行往來的經驗。

解題

- 應用上述所有的技能來解題。
- 注重實用的數學。
- 能夠使用比例尺畫簡圖。*
- 能夠解讀簡單的座標和圖表。*

分數、小數、百分比

- 瞭解、認得簡單的分數（1/2、3/4、1/4、1/10）。
- 簡單分數的同值。
- 瞭解、認得小數，尤其是與貨幣及度量相關的（長度、溫度等等）。*
- 瞭解100%、50%、25%的意義，瞭解「打折」（九折、八折）的意義。*

度量

- 能夠用公釐、公分、公尺等單位，測量與作圖。
- 瞭解距離（公里）、速度（公里/每小時）。*
- 能夠用公克、公斤等單位秤重量。
- 瞭解物品的常用計量方式（例如，一包砂糖、幾斤馬鈴薯等等）。
- 對噸有基本瞭解。*
- 能夠讀數字錶和電子鐘顯示的時間。
- 瞭解時間的長度（例如，30秒、一分鐘、5分鐘、一個小時、24小時），預估做某件事需要多少時間。
- 知道一星期的日子、一年的月份和四季。

· 瞭解液量單位（公升、加崙等等）。*
· 會看溫度計。*

摘要

本章簡短地討論了，學生學習數學遭遇困難的可能因素，並特別檢討與教學品質相關的原因。我們也提到，數學教學最好能夠包含基本技能的明確教學與建構式的教學活動。

我們對於如何評量學生的數學知能，提供了實用的建議，也詳述了三種等級的評量。教師依照每個等級所列的項目，來評量學生的算術與解題能力，應該能夠得到相當精確的答案。

本章還提出了，幫助學生發展基本的數字概念和技能的方法，基本的數字概念和技能非常重要，因為它正是所有解題工作的基礎。掌握了基本的算術方法，學生才能把心力放在解題上。我們也認為，可以讓某些學生用計算機代替紙筆計算。至於解題策略的教學，本章也提供了一些建議。

我們在最後，介紹數學課應該教的最基本知能，這對教師設計課程內容應該有所幫助。

討論

· 「數學是所有的科目當中，最需要教本的。」討論這句話。
· 說說看，你希望在為低能力學生所設計的數學教本中，看到什麼。
· 「所有學生都應該接受主流數學課程的教學，為學習困難學

生修改課程內容，對他們並沒有好處。」說說你的意見。

· 數學學習者很容易陷入「失敗循環」，教師應該如何避免？

建議進一步讀物

Burns, M. (1993) 'The 12 most important things you can do to be a better math teacher', *Instructor* 102, 8: 28–31.

Burton, G.M. (1985) *Towards a Good Beginning: Teaching Early Childhood Mathematics*, Menlo Park: Addison-Wesley.

Chinn, S.J. and Ashcroft, J.R. (1993) *Mathematics for Dyslexics*, London: Whurr.

Heddens, J. and Speer, W. (1995) *Today's Mathematics* (8th edn), New York: Prentice Hall.

House, P.A. and Coxford, A.F. (1995) *Connecting Mathematics Across the Curriculum*, Reston: National Council of Teachers of Mathematics.

Lloyd, J. W. and Keller, C.E. (1989) 'Effective mathematics instruction', *Focus on Exceptional Children* 21, 7: 1–10.

Mannigel, D. (1992) *Young Children as Mathematicians*, Sydney: Social Science Press.

Perry, B. and Conroy, J. (1994) *Early Childhood and Primary Mathematics*, Sydney: Harcourt Brace Jovanovich.

Polloway, E., Patton, J., Payne, J. and Payne, R. (1992) *Strategies for Teaching Learners with Special Needs* (5th edn), Columbus: Merrill.

Reys, R., Suydam, M. and Lindquist, M. (1995) *Helping Children Learn Mathematics* (4th edn), Boston: Allyn and Bacon.

Sovchik, R. (1995) *Teaching Mathematics to Children* (2nd edn), New York: Harper Collins.

Thornton, C.A. and Bleys, N.S. (1994) *Windows on Opportunity: Mathematics for Students with Special Needs*, Reston: National Council of Teachers of Mathematics.

第十三章

融合與區隔

　　在實施融合教育的學校，普通教師和特殊教師的角色
與責任，必須做根本的改變。教師們的合作方式也必須有
所改變，從只是商量個別學生的問題，改變為課程內容的
合作，以使課程更適合各式各樣的學生。

（Warger & Pugach 1996 p.62）

　　我們在前面幾章，討論過閱讀、寫作、拼字、與算術等
「基本學業技能」，也提供了如何因應學生的特殊需求，而調整
教學方法及內容的策略。然而，需要調整的學習領域，並不只
是基本學業技能。本章將討論一些發展融合實務的原則，並且
提供調整課程內容與教法的具體建議。

融合與區隔

融合的定義

　　史塔伯與佩克（Staub & Peck 1995 p.36）給「融合」下的定義為：「將輕度、中度、與重度障礙學童，全時間安置於普通班」。此定義的預設立場是，無論孩子的障礙程度如何，普通班安置對所有的孩子來說，都是最適當的選擇。不過，他們的定義並未排除在必要時給予障礙學生個別的教學指導。雖然還有許多種「融合」的定義，但這些定義的重點都在：障礙學生也應享有在普通學校受教育的權利。

　　布斯（Booth 1996）認為，1970與1980年代的混合教育運動，與1990年代的融合運動之間，有本質上的差異。混合教育是以提供額外援助的方法，來幫助有特殊需求的學生，參與主流教學課程，而不是修改主流的課程或教學方法。至於融合，則是以改變課程內容與教學方法，來包容更多不同能力與障礙的孩子。許多討論融合的書，都提到「重新建構學校」的概念，以結構上的改變，來因應不同學生的學習需求與特質。

　　基於社會公義與機會平等的理念，所有的學生都應該有權利接受主流課程教學（Ainscow & Muncey 1990）。然而，要讓能力差異很大的學生學習一樣的課程，實行起來確實有其困難。有些學生需要課程內容與教法上的重大改變，才能滿足他們的學習需求，也有些學生甚至需要為其設計個別的教學方

案。不過，為學習障礙與學習困難學生簡化課程內容的做法，在這幾年備受批評（Haigh 1997; Dyer 1991）。甚至有人說，減少課程內容，就是減少孩子生命中的機會。

　　儘管許多教師和家長認為，融合對有特殊教育需求的學生來說是一大福音。但也有人認為，融合只不過是一項「具高度理想性的改革運動」，因其未考慮到學生學習困難的現實層面。在1990年代的前半段，關於融合的辯論，大都集中在哲學、社會學、與行政的層次上，很少人討論在學校實施融合的實務問題。不過，現在已經有愈來愈多實際的指導原則，建議教師如何讓有嚴重學習問題的孩子，有效地融合在普通班裡。

　　一般學校能否提供諸如語言治療、物理治療、定向與行動訓練、自我照顧訓練等特別協助，仍然值得質疑。就這些協助來說，特殊學校與養護中心均能有效提供，一般學校較難滿足這些特殊需求。詹姆斯・考夫曼，一位備受推崇的美國特殊教育專家，曾經在一次訪談中這麼說：

　　　雖然聽起來非常吸引人，但是我懷疑，一個單位能否同時提供所有必需的協助，給各種類型的孩子。雖然人人都說他們並不排斥任何學生，但是沒有任何可靠的研究，可證明普通班真的能夠為所有障礙兒童，提供更好的協助。

　　　　　　　　　　　　　　　　　　（O'Neil 1995 p.10）

　　這些都是值得探討的議題。

促進融合

融合教育成效卓越的學校，都有顯著的特徵，我們將其成功的關鍵因素綜合敘述如下：

- 教師與學校的行政管理人員，必須對融合持正面的態度，願意接受調整課程內容、教學方法、與學校組織結構的挑戰。
- 每個學校都必須發展出，可以引導學校融合實務順利進行的政策，並且徹底落實這些政策。如果要讓學校的融合政策，得到全體教職員的認同與支持，那麼就必須由全體教職員共同參與政策的發展，而不是由管理階層直接下達政策指令。
- 實施融合的計劃必須有前瞻性，必須預期在教室裡與在學校制度上可能發生的問題，並事先準備好因應策略。
- 教師、家長、專業輔導人員、與義工等相關人士，都必須參與融合的準備工作，持續監督實施的成效，以及建立互相支援的網路。
- 必須讓有特殊需求的學生，與班上有特殊學生的教師，清楚知道可以支援他們的網路在哪裡。
- 普通教師與特教人員必須密切合作，結合彼此的專業知識，給予學生最大的幫助。
- 鼓勵合作學習、分組工作、與同儕協助的班級，能夠給予特殊學生最多助益。
- 有效教學對所有的學生來說，都是非常重要的。

・教師需要在職訓練，以加強教學知識與技能。教師必須有能力依照學生的學習特質而改變教學方法，融合教育的成功與否，非常仰賴教師的教學技能。

區隔（differentiation）的定義

在英國與北美，「區隔」都意指，由教師使用不同的教學策略，好讓所有學習特質各異的學生，都能夠參與主流教學課程的做法（Good & Brophy 1994; Bearne 1996）。魁克（Quicke 1995）認為，「區隔」的目的是，讓所有的孩子都能夠獲得學習成功的經驗，同時也讓每個孩子都能發揮最大的潛能。「區隔」的原則，不僅適用於障礙學生，也適用於資賦優異的學生。

在澳洲，這種區別化的教學方法通常稱為「適應教育」。「適應教育」就是以各種不同的教學型態與教室組織，來包容學習者的差異、迎合學習者各式各樣的學習需求。

「區隔」的觀念，是融合教育概念的基礎。如果要特殊學生成功地融入普通班，教師的教學方法就必須具有足夠的彈性，必須能夠回應每個學生的個別需求。教師的教學彈性，來自於教師對教學方法的重新思考、不同教學策略的應用、與各種教學資源的適當利用。

區隔化的作法

調整教學方法

我們在第一章提過，教師如何在課堂上運用「個別化教學」。以下所列各點，正是區隔化的第一步。這些調整教學方法的做法，應該能夠提高低能力學生的學習成就。

- 短期目標：對某些學生來說，設定較容易達成的短期目標，有助於他們的學業進展。
- 呈現：以各種不同的方式呈現教學內容（明確教學、錄影帶、書本、討論、辯論等等），有助於滿足不同學生的學習類型。一般而言，善用視覺輔助器材、使用實物教具、提供經驗學習，都是提高學生理解程度與學習興趣的有效做法。
- 教學：清楚的、簡短的、重覆的教學不可或缺，讓學生擔任小老師，對低成就學生很有幫助。
- 示範：為某些學生提供額外的示範，清楚地示範每一個步驟。
- 提問：問很多問題，其中包括能夠建立學生信心的問題。開放式的問題，可以讓更多學生參與討論，提供線索或提示，也可以幫助學生思考問題的答案。教師在提問時，必須考慮學生的程度，而且應該把問題集中在核

心概念與訊息上。

- 等待的時間：教師在向某些學生提問時，必須多等一會，多給他們一點時間思考答案，必要時可以提供提示。

- 核心內容加補充材料：教學活動必須涵蓋核心內容，也必須提供可以讓學生延伸核心內容的補充材料。在教授核心內容時，必須給予需要額外練習的學生，更多練習的機會。

- 複習：對某些學生來說，頻繁的複習是不可或缺的。

- 練習：某些學生需要做更多引導性的練習，教師除了可以利用課堂時間，也可以安排課堂以外的時間。

- 協助：某些學生在做引導性的練習時，教師可以給予更直接的協助與更多的改正回饋。教師在進行教學活動時，事先預期哪些學生需要額外協助，是非常重要的。

- 學習成果：教師應該預期，不同的學生會有不同的學習成果。但所有孩子在經過一段時間之後，其學習成果的質與量都應該向上提昇，

- 活動：依據核心內容設計的不同活動，是讓區隔化順利進行的重要方式之一。有些活動需要應用閱讀與算術技能，而有些活動著重的則是實用性。所有的活動設計，都應考量學生的能力。有些活動可以讓學生單獨完成，而有些活動則應該以分組的方式，讓學生合作學習。

- 教本和教材：挑選不同難度的教材是非常重要的，教師應該收集各種不同的材料，設計出適合班上學生的教學內容。

- 回應型態：不要只注重學生書寫方式的回應，讓學生畫圖、錄音、甚至表演都是很好的方法。
- 座位安排：要創造一個互相支持合作的學習環境，讓最可能合作的、最不可能互相對立、或不會讓彼此分心的學生坐在一起，要確定注意力無法集中，或是有感官障礙的學生，都坐在他們能夠清楚看／聽見教師和其他學生的位置。
- 同儕協助：要建立一種鼓勵學生互相幫助的教室氣氛，同儕協助可以多種方式進行，例如，請某個學生為他人朗讀文章、檢查作業等等。
- 師生互動：教師與低能力學生之間的互動，必須更加頻繁積極。研究發現，教師在進行全班性的教學活動時，很容易忽略這些學生。
- 個人興趣：可能的話，以學生個人的興趣和知識，做為課堂教學內容或討論主題。
- 讚美：某些學生需要更常得到具體的讚美。
- 獎勵：外在獎勵對某些學生具有強烈的鼓舞作用，因此，為他們建立一套獎勵制度是很有效的作法。每個學生所重視的獎勵不盡相同，所以教師也應該瞭解學生所重視的獎勵方式。

　　在討論融合與區隔的文章中，最常提及的教學策略就是同儕協助、分組合作學習、發展多樣化的教材、與主題式的教學內容。要在融合的班級中達到更進一步的區隔化教學，這些做法是很好的起點。

　　調整教學內容與教學方法，以滿足每個學生的個別需求，

並不是簡單的工作。然而,要在融合的班級中實施有效教學,教師就必須瞭解學生的個別差異,盡可能為學生做適當的調整。

改變教材

要讓輕度障礙學生融入主流課程,往往只需要在教材上做一點簡單的改變。如果他們的問題正是閱讀與寫作,那麼在挑選教材時,教師同時要考慮教材的呈現方式(例如,利用錄音帶、錄影帶、電腦、圖片等等)。

有些教師的區隔化作法,就只是提供三種不同難度的練習卷,柏恩(Bearne 1996)非常反對這種作法,她說:「我們不難想像,這種方式會傳達給全班學生什麼樣的訊息。」當教師在分配作業時,千萬不要認定低能力學生沒有能力嘗試具挑戰性的工作。只要作業本身有趣,而且學生能夠得到支持與鼓勵,他們也能夠完全參與課堂活動。

在為學習困難學生準備印刷的教材時,以下幾個原則可能有幫助:

· 簡化文字語言(使用簡短的句子,並以簡單的字代替困難的);
· 事先教導學生新字(如果無法簡化某個難字,必須在學生讀到這個字之前,先讓學生認識它);
· 提供清楚的插畫或圖表;
· 在問題旁邊提供線索或提示(例如,提供答案開頭字母、將文章的關鍵字彙劃線、提供答案欄等等);

‧改進印刷與排版的可讀性；

‧強調重點；

‧減少與主題無關的細節；

‧需要的話，提供印刷教材的錄音帶。

工作分析法

在區隔化教學中，教師必須能夠為有需要的學生，將學習工作分解成更簡單的步驟。教師可以利用「工作分析法」，將教學內容分解成小單元，然後將這些小單元，以最有效的排列方式呈現，以促進學生的學習成效。

事實上，教師們直覺地使用「工作分析法」已有多年歷史。近年來由於教案的設計日益獲得重視，「工作分析法」才被賦予顯著地位。若教師能為學習困難學生，將學習工作分解成簡單的步驟，應該可以有效地提高他們的學習成就。

要將學習工作分解成簡單的步驟、又不致於使個別小單元失去意義，當然有其困難和限制。為此原因，有些教師並不那麼看重工作分析法。這種機械化的學習方式，並不是那麼適合一般人的學習和發展機制。我們在學習做某件事情的時候，通常並不是一個部分一個部分學，而是整體的學。一般而言，學生的障礙程度愈高，工作分析就愈有其價值。

教師在進行工作分析時，步驟大致如下：

‧親自執行這項工作幾次，以觀察進行此學習工作所需的步驟；

‧確認進行此學習工作必備的知識和技能；

- 必須以後設認知與實際操作的層次，來分解工作（這個階段我需要考慮什麼問題？我要怎麼知道自己做得好不好？這個步驟會太困難嗎？）；
- 必須將工作分解成學生能夠掌握的小單元；
- 對某些學生，可以將兩、三個步驟併在一起；
- 如果需要的話，準備一張表格，清楚地列出每個步驟與所需技能。

範例A：領域＝自助行為（穿衣服）

確認學生必須掌握的技能：例如，穿襪子。定下目標：讓孩子學會自己穿襪子。分析穿襪子所需步驟，並條列如下：

1. 孩子坐在適當的位置，膝蓋向上（如地板上、椅子上、床邊等等）；
2. 孩子拿起襪子；
3. 找到襪子的開口；
4. 一邊用雙手撐大開口，一邊把腳趾滑進去；
5. 將襪子拉向腳跟；
6. 將襪子拉至正確高度。

教師可以利用自己分析的步驟，觀察孩子的既有能力水平（例如，孩子已經會做到步驟5），然後為這個孩子設定教學目標（教會孩子步驟6）。

我們可以利用學習穿襪的例子，來介紹「逆向訓練」。所謂的「逆向訓練」，是指從最後一個步驟開始學某個技能，也就是說當我們要教某個孩子自己穿襪子時，要先為孩子把襪子穿至腳跟（步驟5），只讓孩子做最後一個步驟。當孩子能夠掌

握最後一個步驟時，就開始讓孩子做步驟5和6，然後是步驟4、5、和6，以此類推，直到孩子能夠自己完成所有的步驟為止。

範例B：領域 = 算術（兩位數減法）

$$
\begin{array}{r}
40 \\
-\ 17 \\
\hline
\end{array}
$$

運算過程如下：

1. 確認此為減法題；
2. 確認從哪裡著手；
3. 確認個位數0不夠減7；
4. 重組十位數；
5. 劃掉4寫3；
6. 在個位數0前面寫1（10）；
7. 用10減7；
8. 在個位數這一欄寫3；
9. 用3減1；
10. 在十位數這一欄寫2；
11. 正確地讀出解答23；
12. 檢查：17 + 23 = 40。

實作演練：工作分析法

· 分析「查字典並抄錄單字定義」所需的步驟。

· 確認使用字典的必備技能。

· 「學習穿襪」與「兩位數減法」分別必須具備哪些知識
　和技能？

選擇課程內容

在融合的教學環境中，障礙學生的特質，會影響課程內容的選擇與安排。例如，聽力損傷學生，需要特別加強字彙發展，以及說與聽的溝通技能；智能障礙學生，需要特別強調日常生活技能、社交技能、與溝通技能；而因行動不便而失去許多學習與社交機會的肢體障礙學生，需要能夠補償他們被剝奪之經驗的課程內容；至於情緒異常學生，不僅需要能夠建立其信心與自尊的課程內容，也需要強調自我管理技能、社交與人際溝通技能。

在特教學校與特教班，有一套所謂的「核心內容」，是所有的障礙學生都必須學會的，而核心內容以外的知識和技能，就不是非學會不可了。近幾年來，普通教育也自行發展出一套「核心課程」，有特殊需求的學生同樣必須試著學會。

布瑞南（Brennan 1985）提出一套稱爲「4R測試」的方法，以幫助教師選擇適當的課程內容。

- Is it real？真實嗎？（內容可以用真實的方式呈現嗎？）
- Is it relevant？相關嗎？（內容值得孩子學習嗎？）
- Is it realistic？實際嗎？（內容適合孩子的年齡、能力、與興趣嗎？）
- Is it rational？合理嗎？（學習內容的目的，可以讓孩子清楚地瞭解嗎？）

這些問題，不單只是在為特殊學生設計課程內容時可以利用，事實上，為任何學生選擇課程內容時，都可以之做為挑選原則。

要評估課程內容是否適當，首先必須瞭解學生的特質，以下是必須考核的要素：

- 先備經驗：孩子在校內與校外，曾有過哪些經驗？
- 目前的知識和技能：孩子目前會做什麼？
- 興趣：孩子有什麼特別的興趣和嗜好？
- 態度：有哪些因素，會影響孩子的學習態度？

有時，教師需要為某些障礙學生，設計特別的教學方案。這些經過特別設計的方案可以單獨教授，也可以完全融合在主流課程當中。

個別化教育方案（IEP）

1975年，美國國會通過「殘障兒童普及教育法案」（Education of All Handicapped Children Act），也就是公法

94~142（Public Law 94~142），因此而有個別化教育方案（**IEP**）的誕生。

　　任何的個別化教育方案，都必須經由班級教師、特教老師、家長、校長、以及其他相關的專家，共同協商合作而訂定，不但要考慮孩子當下的能力，還必須設立長程與短程教學目標，此外，也必須設立時間表，同時定訂評鑑的程序和標準，而且必須清楚界定每個參與者的角色與責任。

　　在融合的教育政策下，許多使用個別化教育方案的學生，目前都安置在普通學校之中。因此使個別化教育方案，成為教師設計區隔化課程的依據。教師可以從個別化教育方案中，看出這個學生的獨特學習需求，瞭解如何為這個學生修改課程內容與教法，並設想可讓學生完全融入的課程種類。

　　在理想情況下，教師應該可以在主流課程中，達成個別化教育方案的目標。因此，教師在設計教案時，應該謹慎地安排教學活動，讓學生的需求得到適當的回應。

　　如果個別化教育方案所設立的某些目標，無法在一般教學課程中達成，教師就必須提供學生額外的教學活動。也許，經過區隔化設計的主流課程，仍不足以完成某些學生的所有學習目標（尤其是生活自理方面的技能）。大部分有嚴重學習問題的孩子，不但需要區隔化的教學課程，也需要個別化的教學。

　　個別化教育方案，代表一種因材施教的理念，讓孩子在教育環境中得到最大的幫助，也讓家長在孩子的個別化教育方案上，能貢獻心力。

摘要

　　本章檢視了融合實務的基本原則，也說明了區隔化教學的重要性。我們在調整教學方法，與選擇課程內容這兩方面，做了一些具體的建議，也簡單地討論了個別化教育方案，與區隔化教學之間的關係。

討論

· 教師在教授所有孩子必須學會的「核心課程」時，可能會遭遇什麼問題？

· 有時候，學生必須離開教室，接受個別或小組教學，這對於其他必須與同學一起上的課程，會有什麼衝擊？我們可以做些什麼，來減少這樣的問題？

· 若要融合重度障礙與多重障礙學生，會遭到什麼困難？

建議進一步讀物

Andrews, J. and Lupart, J. (1993) *The Inclusive Classroom*, Scarborough, Ontario: Nelson.

Ashdown, R., Carpenter, B. and Bovair, K. (1991) *The Curriculum Challenge: Access to the National Curriculum for Pupils with Learning Difficulties*, London: Falmer.

Bearne, E. (ed.) (1996) *Differentiation and Diversity in the Primary School*, London: Routledge.

Brennan, W.K. (1985) *Curriculum for Special Needs*, Milton Keynes: Open University Press.

Clark, C., Dyson, A. and Millward, A. (eds) *Towards Inclusive Schools?*, London:

Fulton.

Falvey, M.A. (1995) *Inclusive and Heterogeneous Schooling*, Baltimore: Brookes.

Fiore, T. and Cook, R. (1994) 'Adapting textbooks and other instructional materials', *Remedial and Special Education* 15, 6: 333–47.

Hart, S. (ed.) (1996) *Differentiation and the Secondary Curriculum: Debates and Dilemmas*, London: Routledge.

Lewis, A. (1991) *Primary Special Needs and the National Curriculum*, London: Routledge.

McGrath, H. and Noble, B. (1993) *Different Kids, Same Classroom*, Melbourne: Longman Cheshire.

Putnam, J.W. (1993) *Cooperative Learning and Strategies for Inclusion*, Baltimore: Brookes.

Salend, S.J. (1994) *Effective Mainstreaming: Creating Inclusive Classrooms* (2nd edn), New York: Macmillan.

Udavari-Solner, A. (1996) 'Examining teacher thinking: constructing a process and to design curricular adaptions', *Remedial and Special Education*, 17, 4: 245–54.

第十四章

特殊教育支援網路

　　（為了滿足學生特殊的學習需求）校方將會繼續提供最適當的協助，但是當學校需要特殊的資源和協助時，就必須求助於教育支援網路。每個學校都可以在這樣的支援網路裡，尋求協助，同時也可以為這網路，貢獻一份力量。

（Gains & Smith 1994 p.95）

　　以上引用的文字，闡明了伴隨融合運動而來的全新情勢：各區的學校，應該結合起來，共同分享特殊教育資源，而不再各自為政。這個想法之所以得到廣泛認同，部分原因是，人們發現過去有許多學校對於專家的意見根本置之不理，而另一個原因則是，教育資源有限的現實。

團隊與網路

　　在過去，學校遇到有特教需求的狀況時，會立刻尋求「校外」專家的協助。現在，人們期望學校在尋求校外協助之前，

先看看自己有什麼資源，看看課程內容有什麼需要改進的。如今的教育潮流，鼓勵同一區域的學校，建立互相協助的網路，彼此分享教育資源，共同發展出解決問題的方法。1990年代，「協同合作」正是教育服務的關鍵字。

在融合的趨勢下，每個學校都會產生某種程度的特教需求，這個責任應該由所有學校一起承擔，並且將學生之特殊需求的滿足，列為學校教學計劃的一部分。

為滿足學生的特教需求，在校內設立「教師協助小組」或「特殊需求小組」是很好的方式。像這樣由各有所長的教職員組成的團隊，必定能夠為全校有特殊需求的師生，提供豐富多樣的教學策略。班上有學習困難或行為問題學生的教師，應該加入這個團隊，經由與同事的公開討論，發展出最符合班上學生需求的策略。這種藉由校內既有的資源、人力，來解決學生特殊學習問題的方式，遠比向校外專家求助，更快速且有效。透過這種方式，教師在與同事分擔問題、分享經驗時，會愈來愈有信心，而且愈來愈有能力靠自己解決學生的問題。

教師互助組織可以向校外延伸，結合幾個學校的力量，共同商討解決問題的方法。由於有些學校的互助網路可能還未正式成立，因此必須依靠特殊教育巡迴教師，擔任居中連絡協調的角色。

協同教學模式

1990年代，出現了所謂「協同教學模式」。此模式之所以出現，是因為教師與專家合作協商而產生的問題解決方法，往

往比校外專家直接給教師的解決方案來得有效。專家提供的現成解決方法之所以滯礙難行，除了因為每個班級狀況不同、不一定能夠套用現有的方法之外，教師對於這些解決方案，缺乏參與感與責任感，也是原因之一。

　　既是「協同」，就需要兩個（或兩個以上）學有專長的人一起工作，以設計適當的教學策略。因此，「協同」強調的正是知識與意見的溝通分享。如果特教教師與普通教師能夠相互溝通與學習，要融合有特殊需求的學生，就會容易得多。

　　「協同」也意味著共同的承諾與責任。由於參與了決策過程，教師對於產生的教學策略，自然會「視同己出」。

　　參與協同教學的專家，可以包括特殊教育助理教師、特殊教育巡迴教師、輔導諮商人員，甚至諸如語言病理學家、教育心理學家、物理治療師等專業人士。這些專業人士的功能是貢獻想法與建議，而不是提供現成的處方。因此，他們不僅必須具備專業知識，也必須兼具助人的技能。由於專業人士供不應求，這些專業人士，以「諮商者」的角色提供教師協助，要比直接去處理學生個案更能有所貢獻（Fields 1994）。

　　「協同教學模式」發展之初，曾經受到教師的抵制。因為教師們不但必須承擔原來分配給資源班或特教班教師的責任，同時還得重新學習、調整自己的教學內容和方法。另一個明顯的事實是，有些普通教師覺得很難與其他專業人士溝通問題、分擔憂慮（Fields 1995）。他們過去受的訓練，並不包括這方面的要求。因此，諮商者應該具備溝通與協助的技巧，也應該體認，有些教師並不具備這些技能。

　　這些諮商者的可能困境則是：他們總是在學校間奔波，很難有歸屬感，而且由於他們缺少證明自己實力的機會，因此很

難提高自己的專業可信度。

普通教師想知道什麼？

在協同教學的過程中，普通教師最常提出的問題如下：

- 如何為障礙學生在學業與社交方面，設立適當的目標？
  如何以這些目標做為評量的基礎？
- 如何為學生調整教學方法（區隔化）；
- 如何提供特殊學生，融合的學習情境；
- 如何在一般課程中，實施學生的個別化教育方案；
- 如何創造特殊學生與同儕的自然互動情境（以發展社交
  與合作技能）；
- 如何訓練學生的自我管理技能，如何鼓勵學生獨立自
  主；
- 如何有效地與家長建立互信互助的關係；
- 如何與專家聯繫（例如，語言治療師、心理學家）；
- 如何善用資源（物質的與人力的）；
- 如何應用策略，以達到高品質教育的要求。

特殊教育需求協調者（Special Educational Needs Coordinators）

英國於1994年公布的「實施細則」（the Code of Practice），
強調校園內特殊教育需求的重要性，也加重了每個學校的「特

殊教育需求協調者」（SENCO）擔負的責任。在其他已開發國家，學校裡都會有一位擔負類似責任的教師，不過，他們的職稱可能各不相同。曾有人如此形容SENCOs的工作：「這群教師所扮演的角色多得令人吃驚，他們的工作充滿挑戰，也充滿問題與困難。」（Gains 1994）

「實施細則」規定，SENCO必須擔負的責任有：

- 學校特殊教育需求政策的日常運作；
- 與教師們保持聯繫，並且給予建議；
- 協調為特殊兒童設計的教學課程；
- 持續記錄學校的特殊教育需求，並且記錄所有特殊兒童的學習狀況；
- 與特殊兒童的家長保持聯繫；
- 協助學校教職員進行在職訓練；
- 與校外的特教機構保持聯繫。

甘斯（Gains 1994）依據這些規定，綜合出SENCOs必須貫徹的八個關鍵任務：

- 行政管理：例如，負責組織學校的支援網路、實行學校政策、保持記錄的完整、出席各種研討會、爭取資源、編列預算等等；
- 評量：利用各種訊息，篩選有特殊教育需求的學生、監看學生的學習狀況；
- 教學課程計劃：準備並且進行個別化教育方案、善用資源、利用評量資料引導課程內容設計等等；
- 教學：直接教導特殊學生、透過與其他教師合作的方

式，間接教導特殊學生、對學生進行個別輔導等等；

・課程支持：幫助同事調整教學內容、尋找資源等等；

・聯繫：與家長、教職員、校外機構、其他學校等保持
聯繫；

・訓練與發展：協助同事參與在職訓練、幫助同事發展
特教方面的知識；

・合作：與其他學校的SENCO合作、與其他的專業人員
合作。

　　據統計，每個學校大約有百分之二十的學生，可能具有長
期或短期的特殊教育需求。以此來看，在大型學校擔任「特殊
教育需求協調者」，無疑是非常沉重的負擔。不過，若以協調
成效良好的學校為例，我們會發現，仍然有人能夠勝任如此繁
重的工作。

　　除了設置「教師協助小組」和「特殊教育需求協調者」之
外，學校當局也應該積極思考其他的可能做法，以因應各種學
生的需求。

課堂協助策略

　　班上有學習困難或學習障礙學生的教師，他們所面臨的主
要問題之一是，如何每天安排時間，單獨教導有特殊需求的孩
子。由於這類單獨授課的安排，不應該犧牲其他學生的學習權
利，因此值得參考下列做法：

・建立小老師制度；

・混齡教學；

- 由助理教師和專業輔導人員協助；
- 由家長協助；
- 由義工協助；
- 由高中、大專生協助；
- 小組教學；
- 由校長協助；
- 由支援教師協助；
- 安排電腦教學課程。

小老師制度與混齡教學

　　教室中最現成的人力資源就是學生，教師應該創造一個讓學生互相幫助的學習環境。小老師制度不僅是「能者多勞」，而是更進一步，透過「教學相長」的原則，讓能力較好的學生也能因此獲益。小老師制度的價值已深獲肯定（Cole & Chan 1990）。

　　所有小老師制度或混齡教學的提倡者，都特別強調，為小老師做好準備的重要性，好讓擔任小老師的學生，能夠運用適當的技能和技巧。一般而言，小老師們需要下列的協助：

- 清楚的指示，告訴他們做什麼、如何做；
- 給予明確的教學任務與教學材料；
- 示範有效的教學行為；
- 給予練習扮演小老師的機會，並且給予改正回饋。

　　小老師制度，可以減少教師必須同時面對全班的時間，因此增加了教師直接處理學習困難學生之問題的機會。事實上，有學習問題的學生，也可以從同班同學或較高年級學生身上，

得到非常有效的幫助。許多學校推行由高年級生幫助低年級生的方法，這種做法對高、低年級學生雙方都有利。研究顯示，小老師往往比許多教師更能使用簡單、直接的語言，以及更迅速、有效的示範。

麥寇伊（McCoy 1995）認為，小老師可以執行兩大類教學工作：

- 幫助學生習得新技能或新知識；
- 提供學生額外練習已習得技能的機會。

在教導學習困難學生時，小老師的工作最好限定於，讓學生練習已習得的技能，例如朗讀、拼字、算術、或背誦。

助理教師和專業輔導人員

助理教師，可以在教師的安排下，對特殊學生進行個別的教學指導，或是在教師個別指導特殊學生時，幫助教師監督班上其他學生的工作情形。決定特殊學生需要什麼，是教師的責任，助理教師只是擔任協助的工作。

助理教師還能夠扮演「可信賴的成人」此一重要角色，聆聽學生的興趣與擔憂。他們若能以諮商者或朋友的身份與學生交談，同時也可以幫助學生改善溝通技巧。

家長

現在有許多學校，都會邀請家長參與教育計劃，參與教學的家長必須接受教師某種程度的訓練，以發揮最大的助力（例如，如何對學生說話、如何聆聽學生閱讀、如何運用「停頓、提示、讚美」策略、如何利用拼字或數字遊戲等等）。

　　前述用來協助小老師的做法，同樣也能幫助參與教學的家長。父母並不是天生的教育者，不夠瞭解兒童的父母，往往對孩子要求過高，而且在孩子犯錯時，給予過多的批評。因此，參與教學的家長，同樣必須接受訓練與指導。

　　家長參與教學不僅對學生有益，對家長本身也有好處。在參與的過程中，他們將更加瞭解學校的目標與教學方法。他們也能夠學到可以在家使用的新方法（例如，行為管理、鼓勵閱讀），還能與其他家長分享經驗，如果他們自己的孩子有學習困難，他們也會因為對此問題有更深入的瞭解，而不過於驚慌失措。他們將對自己更有自信，也能與教師建立更正面的關係。

志工

　　不論在特殊學校或普通學校，志工都是學校的寶藏。在大多數地區，義工來源應該不虞匱乏。義工所需的準備和訓練，與小老師和家長所需的訓練相似。

高中和大專生

　　許多高中生會到幼稚園和小學工作，以獲得工作經驗，這通常是他們工作經驗或社區服務的一部分。如果他們能依固定的時間表到學校服務，教師就可以安排在這些時段進行分組活動或個別輔導。

小組教學

　　如果有兩個（以上）教師準備一起工作，學生的分組方式就可以有更多樣的選擇。例如，一位教師負責帶大多數的學生

進行某項教學活動（例如，看影片、說故事等等），而另一位
教師負責帶少數學生進行不同的教學活動。小組教學讓教師們
有機會討論、分享他們的問題，並且互相見習不同的教學策
略。在許多方面，小組教學更能有效發揮區隔化的教學方法，
以及合作式的教學計劃。

校長

校長也可以提供固定的教學參與時段，讓教師有時間特別
輔導某些學生。

支援教師

如果有嚴重障礙學生在普通班上學，通常相關單位會安排
特殊教育支援教師，每星期至少來學校幾個小時。一開始，支
援教師可能會直接輔導這個學生，不過他的工作重點會逐漸轉
向提供教師更多的支援。他必須幫助教師修改課程內容、調整
教學方法、建立學生支援網路。

電腦教學

我們曾經討論過電腦教學的優點，事實上，電腦在教室裡
可以發揮「人」的功能：提供教學指導，並且給予改正回饋。
學生可以兩人一起在電腦上工作，或者讓家長或義工陪某些學
生使用電腦。當有學生在接受電腦教學時，教師就有更多時間
與其他學生進行個別接觸。

資源教室模式

　　安置於普通班的障礙學生，包括特定學習障礙學生，也許仍然需要額外的教室以外的資源幫助，以校內資源為基礎的資源教室模式，同樣能夠滿足某些學生的需求，特別在中學階段尤然。有人質疑，所謂的資源教室，其實本質上還是昔日的「隔離療育教室」，只是名稱更冠冕堂皇罷了。不過，支持者認為，資源教室在功能上，比舊有的隔離療育教室更富彈性，並且能夠作為教師的工作基地。學生不但可以到資源教室來尋求幫助，資源教師也可以到教室去提供協助。

　　資源教室可以讓普通教師借用特殊教材和教具，不論是教導資優生或是學習困難學生，普通教師都可以到資源教室，尋求所需的教材和建議。

　　根據研究，學習障礙學生和輕微情緒困擾學生，最能從資源教室的教學方案獲益。對這些學生來說，僅僅提供教室內的支援是不夠的，他們需要一個可以讓他們暫時離開普通教室的地方，而資源教室教學方案正符合他們的需求。

　　資源教師若能擔任協助其他教師的角色，他們的貢獻會比只是教導一小群學生更大。除了協助其他教師和一部分學生，資源教師還可以參與小老師制度、混齡教學、或家長義工協助教學的設計與推行。

學校本位的特殊教育需求政策

學校統合特殊教育資源的方式，必須由全體教職員共同發展建立，並且成為正式的學校政策（Ashman & Elkins 1994）。將全體教職員共同的認知付諸條文，是非常重要的，因為這種做法有助於增強信念、接受責任，並且能夠將校內資源做最有效的利用。

英國於1994年公布的「實施細則」，清楚地要求每個學校訂定特殊教育需求政策，而且政策中必須包含三大類資訊：

- 與學校特殊教育準備相關的訊息：目標、統合、入學程序、特殊設備、各類支援措施（例如，資源教室、教師協助小組、小組教學、協助教學計劃等等）；
- 與學校作業程序相關的訊息：特殊需求的鑑定、評量、資源分配、主流課程調整安排、支援系統等等；
- 與教職員及校外支援系統相關的訊息：如何安排教職員在職進修，如何與家長、支援教師、專家、其他學校、社會服務團體、社會福利機構保持聯繫。

其他可以列入學校政策的重要事項包括：

- 現況分析：描述學校的成員概況，特別是與特殊教育需求相關的人事與資源現況。
- 信念陳述：陳述學校全體教職員與學生，對特殊需求的想法和信念，包括教學、管理、安置各方面；

· 教職員所扮演的角色和所擔負的責任：清楚地指明由
哪位教師負責鑑定、制定決策、分配資源等等。

巡迴教師所扮演的角色

近年來，巡迴教師的角色，已漸漸由對特殊兒童的直接教
導，轉變爲對普通教師的融合教學支援（Lovey 1996）。在協
同教學中，巡迴教師通常扮演重要的角色，並且協助普通教師
做區隔化的課程安排。有人建議，應該將巡迴教學改名爲「合
作教學」，因爲「合作教學」這個詞，更貼近巡迴教師所做的
事。

目前強調的學校本位制訂政策－以校內資源爲基礎的特殊
教育政策發展－並沒有減輕特教巡迴教師的負擔。事實上，在
設計與執行學生的個別化教育方案、協助設計區別化的課程、
提供教職員在職訓練等方面，巡迴教師所扮演的角色甚至比以
前更重要（Bines & Loxley 1995）。

下列爲巡迴教師應該擔負的責任，不過，在大部分的學
校，這些責任都是由「特殊教育需求協調者」與巡迴教師一起
分擔：

· 教育的診斷和評量；
· 定期評估接受直接協助之學生的學習狀況；
· 與教師合作，設計、執行學生的個別化教育方案；
· 協助教師設計融合的課程內容，與區隔化的教學方法；
· 提供特殊教材和教具；

- 直接教導某個或某些學生；
- 與普通教師一起合作教學；
- 接手教學課程，讓教師有時間特別輔導某些學生；
- 提供教師在職訓練課程。

　　許多巡迴教師都必須奔波於各校之間，因此他們必須盡可能避免過重的負荷。因為過重的負擔只會降低服務的品質和效率，所以最好的方式是，只負責少數幾所學校，並且將每一件工作徹底完成。在班級教師逐漸適應融合的教學方式後，巡迴教師的重擔就可慢慢減輕。

實作演練：普通學校裡的特殊教育需求

- 在你的學校裡，可能有一群有特殊教育需求的孩子。你要如何斷定問題的嚴重程度？
- 在理想情況下，你會如何設計、創造一個特殊教育的支援系統？
- 請列舉在你的學校建立這套系統，所需克服的障礙。
- 如果你的學校已有特教支援系統，請評斷這套系統的優缺點，並說明如何改善缺失。

　　不論特教巡迴教師必須透過什麼方式協助普通教師，他們和SENCOs一樣，必須具備溝通的技能，必須能夠和共事的教師、校長保持適當的良好關係。影響其他教師的行為並不容易，需要高度的溝通技巧和能力。巡迴教師在擔任協商者的角

色時，必須避免高高在上的專家姿態。巡迴教師從接觸第一線教師的第一刻起，就必須建立一個想法：他是來和教師一起合作，找出解決問題對策的。

巡迴教師必須有所體認，知道尋求協助的教師，對於學生的特殊需求，有一定的態度和期望。這些態度和期望可能非常正面且實際，也可能完全不切實際。同樣地，普通教師對於巡迴教師，也可能有一些不切實際的期望。不論教師們的態度和期望是什麼，這些態度和期望都不會在一夕之間改變。要與教師建立良好的工作關係，需要互相信任，只有彼此尊重，合作才能持續。

摘要

本章描述了近幾年來，特殊教育支援網路的變化，尤其是學校本位的政策發展趨勢。我們也討論了協同教學的正面意義與相關問題。至於特殊教育需求協調者、巡迴教師等，這些與特殊教育需求相關的專業人員，他們所扮演的角色與所擔負的責任，我們也做了詳盡的敘述。

討論

· 許多研究顯示，教師往往非常抗拒改變，除非改變的價值明顯超越個人必須付出的代價。融合障礙學生的做法，需要教師做許多改變，而這些改變常常讓教師覺得不合理、甚至覺得受到壓迫。在實施融合時，要如何減輕問題至最低程度？

·在理想情況下，你認為障礙學生在普通班中，會需要哪些校外的教育支援？

·討論在協同教學模式中，教師與專家、巡迴教師等協商者，必須具備哪些與人際關係相關的技能。

建議進一步讀物

Baker, D. and Bovair, K. (eds) (1989) *Making the Special Schools Ordinary*, London: Falmer.

Bay, M., Bryan, T. and O'Connor, R. (1994) 'Teachers assisting teachers: a pre-referral model', *Teacher Education and Special Education* 17, 1: 10–21.

Davis, L. and Kemp, C. (1995) 'A collaborative consultation service delivery model for support teachers', *Special Education Perspectives* 4, 1: 17–28.

Friend, M. and Cook, L. (1992) *Interactions: Collaboration Skills for School Professionals*, New York: Longman.

Hornby, G., Taylor, G. and Davis, G. (1995) *The Special Educational Needs Co-ordinator's Handbook*, London: Routledge.

Jordan, A. (1994) *Skills in Collaborative Classroom Consultation*, London: Routledge.

Lovey, J. (1995) *Supporting Special Needs in Secondary Classrooms*, London: Fulton.

Morsink, C.V., Thomas, C.C. and Correa, V.I. (1991) *Interactive Teaming: Consultation and Collaboration in Special Programs*, New York: Macmillan.

Panter, S. (1995) *How to Survive as a SEN Co-ordinator*, Lichfield, Staffs.: QEd Publishing.

West, J.F. and Idol, L. (1990) 'Collaborative consultation in the education of mildly handicapped and at-risk students', *Remedial and Special Education* 11, 1: 22–31.

Wiederholt, J.L., Hammill, D. and Brown, V. (1993) *The Resource Program*, Austin: Pro-Ed.

參考書目

Achilles, C.M. (1996) 'Students achieve more in smaller classes', *Educational Leadership* 53, 5: 76–7.

Adams, M.J. (1990) *Beginning to Read: Thinking and Learning about Print*, Cambridge, Mass.: MIT Press.

Adams, M.J. (1994) 'The progress of the whole-language debate', *Educational Psychologist* 29, 4: 217–22.

Adelman, H.S. and Taylor, L. (1987) *An Introduction to Learning Disability*, London: Scott Foresman.

Agudelo-Valderrama, A.C. (1996) 'Improving mathematics education in Colombian schools: mathematics for all', *International Journal of Educational Development* 16, 1: 15–29.

Ainscow, M. and Muncey, J. (1990) *Meeting Individual Needs*, London: Fulton.

American Guidance Service (1991) *Early Screening Profiles*, Circle Pines, Minn.: AGS.

American Psychiatric Association (1994) *Diagnostic and Statistical Manual of Mental Disorders* (DSM IV), Washington, DC: APA.

Anderson, J. (1990) 'Computers as learning tools in remedial teaching', *Australian Journal of Remedial Education* 22, 2: 8–12.

Andrews, J. and Lupart, J. (1993) *The Inclusive Classroom: Educating Exceptional Children*, Scarborough, Ontario: Nelson.

Ariel, A. (1992) *Education of Children and Adolescents with Learning Disabilities*, New York: Merrill.

Ashcraft, M.H. (1985) 'Is it farfetched that some of us remember our number facts?', *Journal for Research in Mathematics Education* 16, 2: 99–105.

Ashman, A. and Conway, R. (1989) *Cognitive Strategies for Special Education*, London: Routledge.

Ashman, A. and Elkins, J. (eds) (1994) *Educating Children with Special Needs* (2nd edn), New York: Prentice Hall.

Ashman, A.F., van Kraayenoord, C.E. and Elkins, J. (1992) 'Intervention research in Australia', in B.Y.Wong (ed.) *Contemporary Intervention Research in Learning Disabilities: International Perspectives*, New York: Springer Verlag.

Au, W.K. and Bruce, M. (1990) 'Using computers in special education', *Australian Journal of Remedial Education* 22, 1: 13–18.

Ayers, L. (1995) 'The efficacy of three training conditions on phonological awareness of kindergarten children and the longitudinal effect of each on later reading acquisition', *Reading Research Quarterly* 30, 4: 604–6.

Badian, N.A. (1988) 'Predicting dyslexia in a preschool population', in R.L. Masland and M.W. Masland (eds) *Preschool Prevention of Reading Failure*, Parkton: York Press.

Badian, N.A. (1996) 'Dyslexia: a validation of the concept at two age levels', *Journal of Learning Disabilities* 29, 1: 102–12.

Bailey, J. and Bailey, R. (1993) 'Improving the morale of learning support teachers', *Australian Journal of Remedial Education* 25, 2: 7–10.

Baker, E.L., Herman, J.L. and Yeh, J.P. (1981) 'Fun and games; their contribution to basic skills instruction', *American Educational Research Journal* 18, 1: 83–92.

Ball, E.W. and Blachman, B.A. (1991) 'Does phonemic awareness training in kindergarten make a difference in early word recognition and developmental spelling?', *Reading Research Quarterly* 26, 1: 49–66.

Balson, M. (1992) *Understanding Classroom Behaviour* (3rd edn), Hawthorn: Australian Council for Educational Research.

Banerji, M. and Dailey, R.A. (1995) 'A study of the effects of an inclusion model on students with specific learning disabilities', *Journal of Learning Disabilities* 28, 8: 511–22.

Baroff, G.S. (1991) *Developmental Disabilities*, Austin: Pro-Ed.

Barry, A.L. (1995) 'Easing into inclusion classrooms', *Educational Leadership* 52, 4: 4–6.

Barton, L. (1995) 'The politics of education for all', *Support for Learning* 10, 4: 156–60.

Bearne, E. (1996) *Differentiation and Diversity in the Primary School*, London: Routledge.

Bechtol, W.M. and Sorenson, J.S. (1993) *Restructuring Schooling for Individual Students*, Boston: Allyn and Bacon.

Beck, I.L. and Juel, C. (1992) 'The role of decoding in learning to read', in S.J. Samuels and A.E. Farstrup (eds) *What Research has to Say about Reading Instruction* (2nd edn), Newark, NJ: International Reading Association.

Bendell, D., Tollefson, N. and Fine, M. (1980) 'Interaction of locus of control and the performance of learning disabled adolescents', *Journal of Learning Disabilities* 13, 2: 83–6.

Bennett, F. (1993) 'Early intervention: a paediatric perspective', *Special Education Perspectives* 2, 2: 73–7.

Bentley, D. (1990) *Teaching Spelling: Some Questions Answered*, Earley: University of Reading.

Biemiller, A. (1994) 'Some observations on beginning reading instruction', *Educational Psychologist* 29, 4: 203–9.

Bines, H. (1989) 'Whole school policies at primary level', *British Journal of Special Education* 16, 2: 80–2.

Bines, H. and Loxley, A., (1995) 'Implementing the Code of Practice for special educational needs', *Oxford Review of Education* 21, 4: 381–94.

Bishop, K.D. and Jubala, K.A. (1995) 'Positive behaviour support strategies', in M.A. Falvey (ed.) *Inclusive and Heterogeneous Schooling*, Baltimore: Brookes.

Blumenfeld, S.L. (1991) *Alpha-Phonics: A Primer for Beginning Readers*, Boise, Idaho: Paradigm.

Booth, T. (1996) 'A perspective on inclusion from England', *Cambridge Journal of Education* 26, 1: 87–99.

Bosch, K.A. and Bowers, R.S. (1992) 'Count me in too: math instruction strategies for the discouraged learner', *The Clearing House* 66, 2: 104–6.

Bourke, S. (1981) 'Community expectations of numeracy in schools', *SET Research Information for Teachers, No. 1*, Hawthorn: ACER.

Bowd, A. (1990) *Exceptional Children in Class* (2nd edn.), Melbourne: Hargreen.

Boyle, G. (1990) 'Time out: a remedial strategy', in S. Butler (ed.) *The Exceptional Child*, Sydney: Harcourt Brace Jovanovich.

Bradley, C. and Roaf, C. (1995) 'Meeting special educational needs in the secondary school: a team approach', *Support for Learning* 10, 2: 93–9.

Bradley, L. (1990) 'Rhyming connections in learning to read and spell', in P. Pumfrey and C. Elliott (eds) *Children's Difficulties in Reading, Spelling and Writing*. London: Falmer.

Bradshaw, K. (1995) 'Learning disabilities: a cautionary tale', *Australian Journal of Remedial Education*, 27, 4: 15–17.

Brandt, R.S. (1985) 'Success through adaptive education', *Educational Leadership* 43, 1: 3.

Branson, J. and Miller, D. (1991) 'Discipline and integration programmes: normalization through schooling', in M.N. Lovegrove and R. Lewis (eds) *Classroom Discipline*, Melbourne: Longman Cheshire.

Brennan, W.K. (1985) *Curriculum for Special Needs*, Milton Keynes: Open University Press.

Brock, A. (1995) 'Developmental dyslexia', *Australian Journal of Remedial Education* 27, 4: 20–5.

Brucker, P.O. (1995) 'The advantages of inclusion for students with learning disabilities', *Journal of Learning Disabilities* 27, 9: 581–2.

Bryant, P. and Bradley, L. (1985) *Children's Reading Problems*, Oxford: Blackwell.

Builder, P. (1991) *Exploring Reading: Empowering Readers with Special Needs*, Hawthorn: ACER.

Burton, G.M. (1985) *Towards a Good Beginning: Teaching Early Childhood Mathematics*, Menlo Park: Addison-Wesley.

Butler, D.L. (1995) 'Promoting strategic learning by post-secondary students with learning disabilities', *Journal of Learning Disabilities* 28, 3: 170–90.

Butler, S. (ed.) (1990) *The Exceptional Child*, Sydney: Harcourt Brace Jovanovich.

Cade, L. and Caffyn, R. (1994) 'The King Edward VI family: an example of clustering in Nottinghamshire', *Support for Learning* 9, 2: 83–8.

Calf, B. (1990) 'Educational implications', in S. Butler (ed.) *The Exceptional Child*, Sydney: Harcourt Brace Jovanovich.

Cambourne, B. (1988) *The Whole Story: Natural Learning and Literacy Acquisition*, Auckland: Ashton Scholastic.

Campbell, F.A. and Ramey, C.T. (1994) 'Effects of early intervention on intellectual and academic achievement', *Child Development* 65, 2: 684–98.

Campbell, P.F. and Stewart, E.L. (1993) 'Calculators and computers', in R.J. Jensen (ed.) *Research Ideas for the Classroom: Early Childhood Mathematics*, New York: Macmillan.

Carbo, M. (1996) 'Reading styles', *Educational Leadership* 53, 5: 8–13.

Carpenter, T.P. (1985) 'Research on the role of structure in thinking', *Arithmetic Teacher* 32, 6: 58–60.

Carroll, A. (1994) 'Current perspectives on attention deficit hyperactivity disorder: a review of literature', *Australasian Journal of Special Education* 18, 1: 15–24.

Casazza, M.E. (1992) 'Teaching summary writing to enhance comprehension', *Reading Today* 9, 4: 26.

Cashdan, A. and Wright, J. (1990) 'Intervention strategies for backward readers', in P. Pumfrey and C. Elliott (eds) *Children's Difficulties in Reading, Spelling and*

Writing, London: Falmer.

Cawley, J.E., Baker-Kroczynski, S. and Urban, A. (1992) 'Seeking excellence in mathematics education for students with mild disabilities', *Teaching Exceptional Children* 24, 2: 40–3.

Chall, J. (1989) 'Learning to read: the great debate ten years later', *Phi Delta Kappan* 70, 7: 521–38.

Chan, L. (1991) 'Metacognition and remedial education', *Australian Journal of Remedial Education* 23, 1: 4–10.

Chapman, J.W and Tunmer, W.E. (1991) 'Recovering reading recovery', *Australian and New Zealand Journal of Developmental Disabilities* 17, 1: 59–71.

Chinn, S. and Ashcroft, J. (1993) *Mathematics for Dyslexics: A Teaching Handbook*, London: Whurr.

Choate, J.S. (1993) *Successful Mainstreaming*, Boston: Allyn and Bacon.

Choate, J.S. and Rakes, T.A, (1993)'Recognizing words: the tools for reading comprehension', in J.S. Choate, *Successful Mainstreaming*, Boston: Allyn and Bacon.

Church, J. and Langley, J. (1990) 'Behaviour disordered children', *SET Research Information for Teachers 2/90*, Hawthorn: Australian Council for Educational Research.

Clark, D.B. (1992) 'Beginning reading instruction for learning disabled and at-risk students', in S.A, Vogel (ed.) *Educational Alternatives for Students with Learning Disabilities*, New York: Springer Verlag.

Clark, G.M. (1994) 'Is a functional curriculum approach compatible with an inclusive education model?' *Teaching Exceptional Children* 26, 2: 36–9.

Clarke, D.J. (1992) 'Activating assessment alternatives in mathematics', *Arithmetic Teacher* 39, 6: 24–39.

Clay, M.M. (1985) *The Early Detection of Reading Difficulties* (3rd edn), Auckland: Heinemann.

Clay, M.M. (1990) 'The Reading Recovery Programme, 1984–1988', *New Zealand Journal of Educational Studies* 25, 1: 61–70.

Clerehugh, J. (1991) *Early Years Easy Screen (EYES)*, Windsor: NFER-Nelson.

Cohen, N.J. and Minde, K. (1983) 'The hyperactive syndrome in kindergarten children', *Journal of Child Psychology and Psychiatry* 24, 3: 443–55.

Cohen, S.B. and Lynch, D.K. (1991) 'An instructional modification process', *Teaching Exceptional Children* 23, 4: 12–18.

Cole, P. (1995) 'Motivation and learning', in F. Maltby, N. Gage and D. Berliner (eds) *Educational Psychology: An Australian and New Zealand Perspective*, Brisbane: Wiley.

Cole, P. and Chan, L. (1990) *Methods and Strategies for Special Education*, New York: Prentice Hall.

Conners, F.A. (1992) 'Reading instruction for students with moderate mental retardation: review and analysis of research', *American Journal on Mental Retardation* 96, 6: 577–97.

Connor, M. (1994) 'Specific learning difficulty (dyslexia) and interventions', *Support for Learning* 9, 3: 114–19.

Conway, R. (1990) 'Behaviour disorders', in A. Ashman and J. Elkins (eds) *Educating Children with Special Needs*, New York: Prentice Hall.

Conway, R. and Gow, L. (1990) 'Moderate to mild disability: teaching and learning strategies', in S. Butler (ed.) *The Exceptional Child*, Sydney: Harcourt Brace Jovanovich.

Cooper, C.S. and McEvoy, M.A. (1996) 'Group friendship activities', *Teaching Exceptional Children* 28, 3: 67–9.

Cornoldi, C. (1990) 'Metacognitive control processes', *Learning Disability Quarterly* 13, 4: 245–55.

Creemers, B. (1994) *The Effective Classroom*, London: Cassell.

Cripps, C. (1978) *Catchwords: Ideas for Teaching Spelling*, Sydney: Harcourt Brace Jovanovich.

Cripps, C. (1983) 'A report of an experiment to see whether young children can be taught to write from memory', *Remedial Education* 18, 1: 19–24.

Cripps, C. (1990) 'Teaching joined writing to children on school entry as an agent for catching spelling', *Australian Journal of Remedial Education* 22, 3: 13–15.

Crittenden, B. (1991) 'Three approaches to classroom discipline: philosophical perspectives', in M.N. Lovegrove and R. Lewis (eds) *Classroom Discipline*, Melbourne: Longman Cheshire.

Crux, S.C. (1991) 'HELP: a whole language literacy strategy that works', *Education Canada* 31, 2: 16–21.

Csapo, M. (1983) 'Effectiveness of coaching socially withdrawn and isolated children in specific social skills', *Educational Psychology* 3, 1: 31–42.

Currie, H. (1990) 'Making texts more readable', *British Journal of Special Education* 17, 4: 137–9.

Darch, C., Carnine, D. and Gersten, R. (1984) 'Explicit instruction in mathematics problem solving', *Journal of Educational Research* 77, 6: 351–9.

Davidson and associates (1991) *'Spell It Plus': Computer Program*, Torrance, Calif.: Davidson.

Davis, L. and Kemp, C. (1995) 'A collaborative consultation service model for suppport teachers', *Special Education Perspectives* 4, 1: 17–28.

DeFord, D.E. (1991) 'Fluency in initial reading instruction: Reading Recovery', *Theory into Practice* 30, 3: 201–10.

de Hirsch, K., Jansky, J.J. and Langford, W.S. (1966) *Predicting Reading Failure*, New York: Harper and Row.

Dempster, F.N. (1991) 'Synthesis of research on reviews and tests', *Educational Leadership* 48, 7: 71–6.

Department for Education (1994) *Code of Practice on the Identification and Assessment of Special Educational Needs*, London: HMSO.

DeVries, R. and Zan, B. (1995) 'Creating a constructivist classroom atmosphere', *Young Children* 51, 1: 4–13.

Dohrn, E. and Tanis, B. (1994) 'Attribution instruction', *Teaching Exceptional Children* 26, 4: 61–3.

Dole, J., Duffy, G., Roehler, L.R. and Pearson, P.D. (1991) 'Moving from the old to the new: research in reading comprehension', *Review of Educational Research* 61, 2: 239–64.

Dole, J.A., Brown, K.J. and Trathen, W. (1996) 'The effects of strategy instruction on the comprehension performance of at-risk students', *Reading Research Quarterly* 31, 1: 62–88.

Dougherty, B.J. and Scott, L. (1993) 'Curriculum: a vision for early childhood mathematics', in R.J. Jensen (ed.) *Research Ideas for the Classroom: Early Childhood Mathematics*, New York: Macmillan.

Downing, J. (1966) 'Reading readiness re-examined', in J. Downing (ed.) *The First International Reading Symposium*, London: Cassell.

Downing, J., Schaefer, B. and Ayers, J.D. (1993) *LARR Test of Emergent Literacy*, Windsor: NFER-Nelson.

Drosdeck, C.C. (1995) 'Promoting calculator use in elementary classrooms', *Teaching Children Mathematics* 1, 5: 300–5.

Dyer, C. (1991) 'An end to the slow lane: a critique of the term "slow learner"', *Support for Learning* 6, 2: 66–70.

Dyson, A. (1994) 'Towards a collaborative learning model for responding to student diversity', *Support for Learning* 9, 2: 53–60.

Dyson, A. and Gains, C. (1995) 'The role of the special needs co-ordinator: poisoned chalice or crock of gold?', *Support for Learning* 10, 2: 50–6.

Eldredge, J.L. (1990) 'Increasing the performance of poor readers in the Third Grade with a group-assisted strategy', *Journal of Educational Research* 84, 2: 69–76.

Elliott, P. and Garnett, C. (1994) 'Mathematics power for all', in C.A.Thornton and N.S. Bley (eds) *Windows of Opportunity: Mathematics for Students with Special Needs*, Reston: National Council of Teachers of Mathematics.

Ellis, E.S. (1993) 'Integrative strategy instruction: a potential model for teaching content area subjects to adolescents with learning disabilities', *Journal of Learning Disabilities* 26, 6: 358–83, 398.

Emblem, B. and Conti-Ramsden, G. (1990) 'Towards Level 1 – Reality or illusion?', *British Journal of Special Education* 17, 3: 88–90.

English, K., Goldstein, H., Kaczmarek, L. and Shafer, K. (1996) 'Buddy skills for preschoolers', *Teaching Exceptional Children* 28, 3: 62–6.

Enright, B.E. and Choate, J.S. (1993) 'Arithmetic computation: from concrete to abstract', in J.S.Choate (ed.) *Successful Mainstreaming*, Boston: Allyn and Bacon.

ERIC Digest #E540 (1996) 'Beginning reading and phonological awareness for students with learning disabilities', *Teaching Exceptional Children* 28, 3: 78–9.

Ernest, P. (1996) 'The negative influence of progressive ideas on school mathematics', *Mathematics in School* 25, 2: 6–7.

Evans, D. (1995) 'Human diversity and schools: children with special needs', in F. Maltby, N. Gage and D. Berliner (eds) *Educational Psychology: An Australian and New Zealand Perspective*, Brisbane: Wiley.

Falvey, M.A. and Rosenberg, R.L. (1995) 'Developing and fostering friendships', in M.A. Falvey (ed.) *Inclusive and Heterogeneous Schooling*, Baltimore: Brookes.

Farlow, L. (1996) 'A quartet of success stories: how to make inclusion work', *Educational Leadership* 53, 5: 51–5.

Farmer, T.W. and Farmer, E.M. (1996) 'Social relationships of students with exceptionalities in mainstream classrooms: social networks and homophily'. *Exceptional Children*, 62, 5: 431–50.

Felton, R. (1992) 'Early identification of children at risk for reading disabilities', *Topics in Early Childhood Special Education* 12, 2: 212–29.

Fenwick, G. (1988) *USSR: Uninterrupted Sustained Silent Reading*, Reading: University of Reading.

Fielding, L.G. and Pearson, P.D. (1994) 'Reading comprehension: what works?', *Educational Leadership* 51, 5: 62–8.

Fields, B. (1994) 'Consultation models: a comparison of the preferences of primary teachers and support teachers', *Australian Journal of Remedial Education* 26, 1: 21–3.

Fields, B. (1995) 'Teacher resistance: a barrier to special and remedial education support services', *Australian Journal of Remedial Education* 27, 2: 13–18.

Fisher, J.B., Schumaker, J.B. and Deshler, D.D. (1995) 'Searching for validated inclusive practices: a review of the literature', *Focus on Exceptional Children* 28, 4: 1–20.

Flynn, J.M., Deering, W., Goldstein, M. and Mohammad, H.R. (1992) 'Electro-physiological correlates of dyslexic subtypes', *Journal of Learning Disabilities* 25, 2: 133–41.

Franco, D., Christoff, K., Crimmins, D. and Kelly, J. (1983) 'Social skills training for an extremely shy adolescent', *Behaviour Therapy* 14: 568–575.

Frank, A.R. and Brown, D. (1992) 'Self-monitoring strategies in arithmetic', *Teaching Exceptional Children* 24, 2: 52–3.

Franklyn, B. (ed.) (1987) *Learning Disability: Dissenting Essays*, London: Falmer.

Frost, J.A. and Emery, M.J. (1996) 'Academic interventions for children with dyslexia who have phonological core deficits', *Teaching Exceptional Children* 28, 3: 80–3.

Froyen, L.A. (1993) *Classroom Management: The Reflective Teacher-Leader*, New York: Merrill.

Fuchs, D. and Fuchs, L.S. (1994) 'Inclusive schools movement and the radical-ization of special education reform', *Exceptional Children* 60, 4: 294–309.

Fuchs, D. and Fuchs, L.S. (1995) 'What's special about special education?', *Phi Delta Kappan* 76, 7: 522–30.

Fullan, M. (1991) *The New Meaning of Educational Change*, London: Cassell.

Fuson, K.C. and Fuson, A.M. (1992) 'Instruction supporting children's counting on and counting up', *Journal for Research in Mathematics Education* 23, 1: 72–8.

Gagne, R., Briggs, L. and Wager, W. (1992) *Principles of Instructional Design* (4th edn), Chicago: Holt Rinehart and Winston.

Gains, C. and Smith, C.J. (1994) 'Cluster models', *Support for Learning* 9, 2: 94–8.

Gains, C.W. (1994) 'New roles for SENCOs', *Support for Learning* 9, 3: 102.

Gaskins, R.W., Gaskins, I.W., Anderson, R.C. and Schommer, M. (1995) 'The reciprocal relationship between research and development: an example involving a decoding strand for poor readers', *Journal of Reading Behaviour* 27, 3: 337–77.

Giangreco, M.F. (1996) 'What do I do now? A teacher's guide to including students with disabilities', *Educational Leadership* 53, 5: 56–9.

Gillet, S. and Bernard, M.E. (1989) *Reading Rescue* (2nd edn), Hawthorn: ACER.

Gillingham, A. and Stillman, B.W. (1960) *Remedial Training for Children with Specific Disability in Reading, Writing and Penmanship*, Cambridge, Mass.: Educators Publishing Service.

Ginsburg, H. and Baroody, A. (1983) *TEMA: Test of Early Mathematics Ability*, Austin: Pro-Ed.

Givner, C.C. and Haager, D. (1995) 'Strategies for effective collaboration', in M.A. Falvey (ed.) *Inclusive and Heterogeneous Schooling*, Baltimore: Brookes.

Goddard, A. (1995) 'From product to process in curriculum planning: a view from Britain, *Journal of Learning Disabilities* 28, 5: 258–63.

Good, T. and Brophy, J. (1994) *Looking in Classrooms* (6th edn), New York: Harper Collins.

Good, T., Mulryan, C. and McCaslin, M. (1992) 'Group instruction in mathematics', in D.A. Grouws (ed.) *Handbook of Research on Mathematics Teaching and Learning*, New York: Macmillan.

Goodman, K. (1967) 'Reading: a psycholinguistic guessing game', *Journal of the Reading Specialist* 6: 126–35.

Goodman, K.S. (1986) *What's Whole in Whole Language?*, Portsmouth: Heinemann.

Goodman, K.S. (1989) 'Whole language is whole: a response to Heymsfeld', *Educational Leadership* 46, 6: 69–70.

Goodman, K.S. (1994a) 'Whole language debate continues: a response to Nicholson', *The Reading Teacher* 47, 8: 599.

Goodman, K.S. (1994b) 'Deconstructing the rhetoric of Moorman, Blanton and McLaughlin', *Reading Research Quarterly* 29, 4: 340–6.

Goswami, U. (1992) 'Phonological factors in spelling development', *Journal of Child Psychology and Psychiatry* 33: 967–75.

Gow, L. and Ward, J. (1991) 'Progress towards integration: impressions from a national review', *Australian Disability Review* 4–91: 8–19.

Graham, S. and Harris K.R. (1994) 'Implications of constructivism for teaching writing to students with special needs', *Journal of Special Education* 28: 275–89.

Graham, S., Harris, K.R. and Loynachan, C. (1996) 'The Directed Spelling Thinking Activity: application with high-frequency words', *Learning Disabilities Research and Practice* 11, 1: 34–40.

Graham, S. Harris, K.R. and Sawyer, R. (1987) 'Composition instruction with learning disabled students: self-instructional strategy training', *Focus on Exceptional Children* 20, 4: 1–11.

Graves, A. and Hauge, R. (1993) 'Using cues and prompts to improve story writing', *Teaching Exceptional Children* 25, 4: 38–40.

Graves, D.H. (1983) *Writing: Teachers and Children at Work*, Exeter, NH: Heinemann.

Green, J. (1993) 'Constructivist strategies for the mathematics teacher', in J.A. Malone and P.C. Taylor (eds) *Constructivist Interpretations of Teaching and Learning Mathematics*, Perth: Curtin University of Technology.

Greenhalgh, P. (1996) 'Behaviour: roles, responsibilities and referrals in the shadow of the Code of Practice', *Support for Learning* 11, 1: 17–24.

Grenot-Scheyer, M., Abernathy, P.A., Williamson, D., Jubala, K. and Coots, J.J. (1995) 'Elementary curriculum and instruction', in M.A. Falvey (ed.) *Inclusive and Heterogeneous Schooling*, Baltimore: Brookes.

Gresham, F.M. (1982) 'Social skills instruction for exceptional children', *Theory into Practice* 21, 2: 129–33.

Gross, H. and Gipps, C. (1987) *Supporting Warnock's Eighteen Percent*, London: Falmer.

Gross, J. (1993) *Special Educational Needs in the Primary School*, London: Open University Press.

Grossman, H. (1995) *Classroom Behaviour Management in a Diverse Society* (2nd edn), Mountain View: Mayfield.

Grossman, H.J. (1983) *Classification in Mental Retardation*, Washington, DC: American Association on Mental Deficiency.

Gulliford, R. (1969) *Backwardness and Educational Failure*, Slough: NFER.

Gunning, T.G. (1995) 'Word building: a strategic approach to the teaching of phonics', *The Reading Teacher* 48, 6: 484–8.

Gurry, D. (1990) 'The physician and the politics of learning difficulties', in S. Butler (ed.) *The Exceptional Child*, Sydney: Harcourt Brace Jovanovich.

Haigh, G. (1977) *Teaching Slow Learners*, London: Temple Smith.

Hallahan, D.P. and Kauffman, J.M. (1986) *Exceptional Children* (3rd edn), Englewood Cliffs: Prentice Hall.

Hallahan, D.P. and Kauffman, J.M. (1991) *Exceptional Children* (5th edn), Englewood Cliffs: Prentice Hall.

Hallahan, D.P. and Kauffman, J.M. (1994) *Exceptional Children* (6th edn), Boston: Allyn and Bacon.

Hannavy, S. (1993) *Middle Infant Screening Test (MIST)*, Windsor: NFER-Nelson.

Hanson, R.A. and Farrell, D. (1995) 'The long-term effects on high school seniors of learning to read in kindergarten', *Reading Research Quarterly* 30, 3: 908–33.

Harris, K.R. and Graham, S. (1996) 'Memo to constructivists: skills count too', *Educational Leadership* 53, 5: 26–9.

Harris, K.R. and Pressley, M. (1991) 'The nature of cognitive instruction', *Exceptional Children* 57, 5: 392–403.

Harrison, B., Zollner, J. and Magill, B. (1996) 'The hole in whole language', *Australian Journal of Remedial Education* 27, 5: 6–18.

Harvey, J. (1995) 'The role of the special educational needs co-ordinator at Marton Grove Primary School', *Support for Learning* 10, 2: 79–82.

Hasselbring, T.S. and Goin, L.I. (1989) 'Enhancing learning through microcomputer technology', in E.A. Polloway and T.R. Patton, *Strategies for Teaching Learners with Special Needs* (5th edn), Columbus: Merrill.

Hasselbring, T.S., Goin, L. and Bransford, J. (1988) 'Developing math automaticity in learning handicapped children: the role of computerized drill and practice', *Focus on Exceptional Children* 20, 6: 1–7.

Hastings, N. and Schwieso, J. (1995) 'Tasks and tables: the effects of seating arrangements in primary classrooms', *Educational Research* 37, 3: 279–91.

Hatcher, P.J., Hulme, C. and Ellis, A.W. (1994) 'Ameliorating early reading failure by integrating the teaching of reading and phonological skills: the phonological linkage hypothesis', *Child Development* 65, 1: 41–57.

Hawkins, W. (1991) 'Parents as tutors of mathematics', *Australian Journal of Remedial Education* 23, 4: 16–19.

Heilman, A.W. (1993) *Phonics in Proper Perspective* (7th edn), Columbus: Merrill.

Henk, W.A., and Melnick, S.A. (1995) 'The Reader's Self-Perception Scale (RSPS): a new tool for measuring how children feel about themselves as readers', *The Reading Teacher* 48, 6: 470–82.

Heymsfeld, C.R. (1989) 'Filling the hole in whole language', *Educational Leadership* 46, 6: 65–9.

Hickerson, B. (1992) 'Reading and thinking with content area texts', *Reading Today* 9, 3: 32.

Hickson, F. (1990) 'The socialisation process', in S. Butler (ed.) *The Exceptional Child*, Sydney: Harcourt Brace Jovanovich.

Hiebert, E.H. and Taylor, B.M. (1994) *Getting Reading Right from the Start*, Boston: Allyn and Bacon.

Holdaway, D. (1982) 'Shared book experience: teaching reading using favourite books', *Theory into Practice* 21, 4: 293–300.

Holdaway, D. (1990) *Independence in Reading* (3rd edn), Sydney: Ashton Scholastic.

Hollowood, T., Salisbury, C., Rainforth, B. and Palombaro, M. (1995) 'Use of instructional time in classrooms serving students with and without severe disabilities', *Exceptional Children* 61, 3: 242–53.

Holmes, E.E. (1990) 'Motivation: an essential component of mathematics instruction', in T.T. Cooney and C.R. Hirsch (eds) *Teaching and Learning Mathematics in the 1990s*, Reston: National Council of Teachers of Mathematics.

Honig, A.S. and Wittmer, D.S. (1996) 'Helping children become more prosocial: ideas for classrooms, families, schools and communities', *Young Children* 51, 2: 62–74.

Horn, W.F. and Packard, T. (1985) 'Early identification of learning problems: a meta analysis', *Journal of Educational Psychology* 77, 5: 597–607.

Howell, K.W., Fox, S.L. and Morehead, M.K. (1993) *Curriculum-based Evaluation: Teaching and Decision Making* (2nd edn), Pacific Grove: Brooks Cole.

Howell, S.C. and Barnhart, R.S. (1992) 'Teaching word problem solving at primary level', *Teaching Exceptional Children* 24, 2: 44–6.

Hughes, C.A., Korinek, L. and Gorman, J. (1991) 'Self-managment for students with mental retardation in public school settings: a research review', *Education and Training in Mental Retardation* 26, 3: 271–91.

Humes, A. (1983) 'Putting writing research into practice' *Elementary School Journal* 84, 1: 3–17.

Hunting, R.P. (1996) 'Does it matter if Mary can read but can't add up?', *Education Australia* 33: 16–19.

Ilg, F.L. and Ames, L.B. (1964) *School Readiness*, New York: Harper and Row.

Isaacson, S.L. (1987) 'Effective instruction in written language', *Focus on Exceptional Children* 19, 6: 1–12.

Iversen, S. and Tunmer, W.E. (1993) 'Phonological processing skills and the Reading Recovery Program', *Journal of Educational Psychology* 85, 1: 112–26.

Jackson, M. (1972) *Reading Disability: Experiment, Innovation and Individual Therapy*, Sydney: Angus and Robertson.

Jackson, M.S. (1987) 'The treatment of severe reading disability: dyslexia', *Australian Journal of Remedial Education* 19, 2: 10–16.

Jackson, M.S. (1991) *Discipline: An Approach for Teachers and Parents*, Melbourne: Longman Cheshire.

Jansky, J. (1978) 'A critical review of some developmental and predictive precursors of reading disabilities', in A. Benton and D. Pearl (eds) *Dyslexia: An Appraisal of Current Knowledge*, New York: Oxford University Press.

Jansky, J. and de Hirsch, K. (1972) *Preventing Reading Failure*, New York: Harper and Row.

Johns, J. (1986) *Handbook for Remediation of Reading Difficulties*, Englewood Cliffs: Prentice Hall.

Johnson, D.W., Johnson, R.T. and Holubec, E. (1990) *Circles of Learning* (3rd edn), Edina, Minn.: Interaction Books.

Johnson, R.T. and Johnson, D.W. (1991) 'Cooperative learning: the best of the one-room schoolhouse', *The Teacher Educator* 27, 1: 6–13.

Jolly, C. (1992) *Jolly Phonics Handbook*, Chigwell: Jolly Learning Ltd.

Jongsma, K.S. (1990) 'Reading–spelling links', *The Reading Teacher*, 43: 608–10.

Jorgensen, C.M. (1995) 'Essential questions: inclusive answers', *Educational Leadership* 52, 4: 52–5.

Jorm, A.F. (1983) *The Psychology of Reading and Spelling Disability*, London: Routledge.

Kameenui, E.J. (1993) 'Diverse learners and the tyranny of time', *The Reading Teacher* 46, 5: 376–83.

Kauffman, J.M., Lloyd, J., Baker, J. and Riedel, T.M. (1995) 'Inclusion of all students with emotional or behavioural disorders? Let's think again', *Phi Delta Kappan* 76, 7: 542–6.

Kavale, K., Forness, S. and Lorsbach, T. (1991) 'Definition for definitions of learning disability', *Learning Disability Quarterly* 14, 4: 257–66.

Keith, R.W. and Engineer, P. (1991) 'Effects of methylphenidate on the auditory processing abilities of children with Attention Deficit-Hyperactivity Disorder', *Journal of Learning Disabilities* 24, 10: 630–40.

Kemp, C. (1992) 'Distinctive features of early childhood intervention services within early childhood education', *Special Education Perspectives* 1, 1: 3–14.

Kemp, M. (1987) *Watching Children Read and Write*, Melbourne: Nelson.

Kerin, M. (1990) 'The writing process with a computer', *Australian Journal of Remedial Education* 22, 1: 25–6.

Kindsvatter, R., Wilen, W. and Ishler, M. (1992) *Dynamics of Effective Teaching* (2nd edn), New York: Longman.

King, L. (1995) 'Classroom teaching', in F. Maltby, N. Gage and D. Berliner (eds) *Educational Psychology: An Australian and New Zealand Perspective*, Brisbane: Wiley.

Knight, B.A. (1992) 'The development of a locus of control measure designed to assess intellectually disabled students' beliefs in adaptive behaviour situations', *Australasian Journal of Special Education* 16, 2: 13–21.

Knight, B.A. (1994) 'The effects of a teaching perspective of guided internality on intellectually disabled students' locus of control orientation', *Educational Psychology* 14, 2: 155–65.

Knight, G., Arnold, G., Carter, M., Kelly, P. and Thornley, G. (1995) 'The mathematical needs of school leavers', *The Best of SET: Mathematics*, Camberwell: Australian Council for Educational Research.

Koop, T. and Minchinton, J. (1995) 'Inclusive curriculum: making it happen for students with disabilities', *Curriculum Perspectives* 15, 3: 1–8.

Kouba, V.L. and Franklin, K. (1993) 'Multiplication and division: sense making and meaning', in R.J. Jensen (ed.) *Research Ideas for the Classroom: Early Childhood Mathematics*, New York: Macmillan.

Lawrence, E.A. and Winschel, J.F. (1975) 'Locus of control: implications for special education', *Exceptional Children* 41, 7: 483–9.

LeGere, A. (1991) 'Collaboration and writing in the mathematics classroom', *Mathematics Teacher* 84, 3: 166–71.

LeRoy, B. and Simpson, C. (1996) 'Improving student outcomes through inclusive education', *Support for Learning* 11, 1: 32–6.

Lewis, A. (1992) 'From planning to practice', *British Journal of Special Education* 19, 1: 24–7.

Lewis, R. and Doorlag, D.H. (1991) *Teaching Special Students in the Mainstream* (3rd edn), New York: Merrill.

Lindsley, O.R. (1992) 'Precision teaching: discoveries and effects', *Journal of Applied Behaviour Analysis* 25, 1: 51–7.

Lingard, T. (1996) 'Literacy acceleration: enabling secondary-age students to become literate', *Support for Learning* 11, 1: 25–31.

Lipsky, D. and Gartner, A. (1989) *Beyond a Separate Education: Quality Education for All*, Baltimore: Brookes.

Lloyd, J.W. (1988) 'Direct academic interventions in learning disabilities', in M.C. Wang, M.C. Reynolds and H.J. Walberg (eds) *Handbook of Special Education: Research and Practice 2*, Oxford: Pergamon.

Lloyd, J.W. and Keller, C.E. (1989) 'Effective mathematics instruction: development, instruction and programs', *Focus on Exceptional Children* 21, 7: 1–10.

Loughrey, D. (1991) 'Hands on computer experience and the child with special educational needs', *Support for Learning* 6, 3: 124–6.

Lovey, J. (1996) 'Concepts in identifying effective classroom support', *Support for*

Learning 11, 1: 9–12.

Lovitt, T.C. (1991) *Preventing School Dropouts*, Austin: Pro-Ed.

Lovitt, T.C. and Horton, S.V. (1994) 'Strategies for adapting science textbooks for youth with learning disabilities', *Remedial and Special Education* 15, 2: 105–16.

Lowenthal, B. (1996) 'Teaching social skills to preschoolers with special needs', *Childhood Education* 72, 3: 137–40.

Lunt, I., Evans, J., Norwich, B. and Wedell, K. (1994) 'Collaborating to meet special educational needs: effective clusters', *Support for Learning* 9, 2: 73 – 8.

Lyle, S. (1996) 'An analysis of collaborative group work in the primary school and factors relevant to its success', *Language and Education* 10, 1: 13–31.

Lyndon, H. (1989) 'I did it my way: an introduction to "Old Way: New Way"' *Australasian Journal of Special Education* 13, 1: 32–7.

McCormick, W. (1979) 'Teachers can learn to teach more effectively', *Educational Leadership* 37, 1: 59–60.

McCoy, K.M. (1995) *Teaching Special Learners in the General Classroom* (2nd edn), Denver: Love.

McGuiness, D., McGuiness, C. and Donohue, J. (1995) 'Phonological training and the alphabet principle; evidence for reciprocal causality', *Reading Research Quarterly* 30, 4: 830–52.

MacInnis, C. and Hemming, H. (1995) 'Linking the needs of students with learning disabilities to a whole language curriculum', *Journal of Learning Disabilities* 28, 9: 535–44.

McIntosh, M.E. and Draper, R.J. (1995) 'Applying the question-answer relationship strategy in mathematics', *Journal of Adolescent and Adult Literacy* 39, 2: 120–31.

McKinney, J.D. (1988) 'Research on conceptually and empirically derived sub-types of specific learning disability', in M.C. Wang, M. Reynolds and H.J. Walberg (eds) *Handbook of Special Education, Vol 2*, Oxford: Pergamon.

Maclellan, E. (1993) 'The significance of counting', *Education 3–13* 21, 3: 18–22.

McLeod, D.B. (1992) 'Research on affect in mathematics education', in D.A.Grouws (ed.) *Handbook of Research on Mathematics Teaching and Learning*, New York: Macmillan.

McManus, M. (1989) *Troublesome Behaviour in the Classroom*, London: Routledge.

McNally, J. and Murray, W. (1968) *Key Words to Literacy* (2nd edn), London: Schoolmaster Publishing Company.

Majsterek, D.J. and Ellenwood, A.E. (1995) 'Phonological awareness and beginning reading: evaluation of a school-based screening procedure', *Journal of Learning Disabilities* 28, 7: 449–56.

Malone, L.D., and Mastropieri, M.A. (1992) 'Reading comprehension instruction: summarization and self-monitoring', *Exceptional Children* 58, 3: 270–9.

Mann, V.A. (1993) 'Phonemic awareness and future reading ability', *Journal of Learning Disabilities* 26, 4: 259–69.

Mantzicopoulos, P. and Morrison, D. (1994) 'Early prediction of reading achievement', *Remedial and Special Education* 15, 4: 244–51.

Margalit, M. (1995) 'Effects of social skills training for students with an intellectual disability', *International Journal of Disability, Development and Education* 42, 1: 75–85.

Marsh, L.G. and Cooke, N.L. (1996) 'The effects of using manipulatives in teaching math problem solving to students with learning disabilities', *Learning Disabilities Research and Practice* 11, 1: 58–65.

Martin, K.F. and Manno, C. (1995) 'Use of a check-off system to improve middle school students' story compositions', *Journal of Learning Disabilities* 28, 3: 139–49.

Mather, N. (1992) 'Whole language reading instruction for students with learning disabilities: caught in the crossfire', *Learning Disabilities Research and Practice* 7: 87–95.

Mauer, D.M. and Kamhi, A.G. (1996) 'Factors that influence phoneme-grapheme correspondence learning', *Journal of Learning Disabilities* 29, 3: 259–70.

Meese, R.L. (1992) 'Adapting textbooks for children with learning disabilities', *Teaching Exceptional Children* 24, 3: 49–51.

Merrett, F. and Wheldall, K. (1984) 'Classroom behaviour problems which junior school teachers find most troublesome', *Educational Studies* 10, 2: 87–92.

Merry, R. and Peutrill, I. (1994) 'Improving word recognition for children with reading difficulties', *British Journal of Special Education* 21, 3: 121–3.

Milem, M. and Garcia, M. (1996) 'Student critics, teacher models: introducing process writing to high school students with learning disabilities', *Teaching Exceptional Children* 28, 3: 46–7.

Monroe, M. (1935) *Reading Aptitude Tests*, Boston: Houghton Mifflin.

Montague, M. and Fonseca, F. (1993) 'Using computers to improve story writing', *Teaching Exceptional Children* 25, 4: 46–9.

Moore, J. (1992) 'Good planning is the key', *British Journal of Special Education* 19, 1: 16–19.

Moustafa, M. (1993) 'Recoding in whole language reading instruction', *Language Arts* 70, 6: 483–7.

Murray-Seegert, C. (1992) 'Integration in Germany', *Remedial and Special Education* 13, 1: 34–43.

National Health and Medical Research Council (1990) *Learning Difficulties in Children and Adolescents*, Canberra: Australian Government Publishing Service.

Neale, M.D. (1988) *Neale Analysis of Reading Ability* (2nd edn), Hawthorn: ACER.

Neale, M.D. (1989) *Neale Analysis of Reading Ability (revised British edition)*, Windsor: NFER-Helson.

Newman, J.M. and Church, S.M. (1990) 'Myths of whole language', *Reading Teacher* 44, 1: 20–6.

Nichols, R. (1985) *Helping Your Child Spell*, Earley: University of Reading.

North, C. and Parker, M. (1994) 'Teaching phonolgical awareness', *Child Language Teaching and Therapy* 10, 3: 247–57.

O'Brien, D. (1992) *Writing in The Primary School*, Melbourne: Longman Cheshire

O'Neil, J. (1995) 'Can inclusion work? A conversation with Jim Kauffman and Mara Sapon-Shevin', *Educational Leadership* 52, 4: 4–6.

Olson, M.W. (1990) 'Phonemic awareness and reading achievement', *Reading Psychology* 11: 347–53.

Olssen, K., Adams, G., Grace, N. and Anderson, P. (1994) *Using the Mathematics Profile*, Melbourne: Curriculum Corporation.

Orton, A. (1992) *Learning Mathematics: Issues, Theory and Classroom Practice* (2nd edn), London: Cassell.

Paris, S.G. and Winograd, P. (1990) 'Promoting metacognition and motivation in exceptional children', *Remedial and Special Education* 11, 6: 7–15.

Parmar, R.S. and Cawley, J.F. (1994) 'Structuring word problems for diagnostic teaching', *Teaching Exceptional Children* 26, 4: 16–21.

Parmar, R.S., Cawley, J.F. and Frazita, R.R. (1996) 'Word-problem solving by students with and without mild disabilities', *Exceptional Children* 62, 5: 415–29.

Payne, E. (1991) 'Parents at work in special education in a middle school', *Australian Journal of Remedial Education* 23, 3: 27–9.

Perfetti, C.A., (1992) 'The representation problem in reading acquisition', in P.B. Gough, L.C. Ehri and R. Treiman (eds) *Reading Acquisition*, Hillsdale, NJ: Erlbaum.

Peters, M.L. (1985) *Spelling Caught or Taught: A New Look* (2nd edn), London: Routledge.

Peters, M.L. and Smith, B. (1993) *Spelling in Context*, Windsor: NFER-Nelson.

Phillips, N.B., Fuchs, L., Fuchs, D. and Hamlett, C. (1996) 'Instruction variables affecting student achievement: case studies of two contrasting teachers', *Learning Disabilities: Research and Practice* 11, 1: 24–33.

Phillips, V. and McCullough, L. (1990) 'Consultation-based programming: instituting a collaborative ethic in schools', *Exceptional Children* 45, 4: 291–304.

Pikulski, J.J. (1994) 'Preventing reading failure: a review of five effective programs', *The Reading Teacher* 48, 1: 30–9.

Pinnell, G.S. and associates (1994) 'Comparing instructional models for the literacy education of high-risk first graders', *Reading Research Quarterly* 29, 1: 9–39.

Polloway, E.A. and Patton, J.R. (1993) *Strategies for Teaching Learners with Special Needs* (5th edn), New York: Merrill.

Preen, B. and Barker, D. (1987) *Literacy Development*, Sydney: Harcourt Brace Jovanovich.

Pressley, M. (1994) 'State-of-the-science primary grade reading instruction or whole language?' *Educational Psychologist* 29, 4: 211–15.

Pressley, M., Brown, R., VanMeter, P. and Schuder, T. (1995) 'Transactional strategies', *Educational Leadership* 52, 8: 81.

Pressley, M. and McCormick, C.B. (1995) *Advanced Educational Psychology*, New York: Harper Collins.

Pressley, M. and Rankin, J. (1994) 'More about whole language methods of reading instruction for students at risk for early reading failure', *Learning Disabilities: Research and Practice* 9, 3: 157–68.

Print, M. (1992) *Curriculum Development and Design*, Sydney: Allen and Unwin.

Pumfrey, P. (1991) *Improving Children's Reading in the Junior School*, London: Cassell.

Putnam, J.W., Spiegel, A.N. and Bruininks, R.H. (1995) 'Future directions in education and inclusion of students with disabilities', *Exceptional Children* 61, 6: 553–76.

Quicke, J. (1995) 'Differentiation: a contested concept', *Cambridge Journal of Education* 25, 2: 213–24.

Rees, R. and Young, B. (1995) 'Bored witless', *Children Australia* 20, 4: 29–31.

Reetz, L.J. and Hoover, J.H. (1992) 'The acceptability and utility of five reading approaches as judged by middle school LD students', *Learning Disabilities Research and Practice* 7: 11–15.

Reisman, F.K. (1982) *A Guide to the Diagnostic Teaching of Arithmetic*, Columbus: Merrill.

Reynolds, M. and Dallas, S. (1991) *Reading Success*, Sydney: Prince of Wales Hospital.

Richardson, S.O. (1992) 'Historical perspectives on dyslexia', *Journal of Learning Disabilities* 25, 1: 40–7.

Rickleman, R. and Henk, W.A. (1991) 'Parents and computers: partners in helping children learn to read', *Reading Teacher* 44, 7: 508–9.

Roach, V. (1995) 'Supporting inclusion: beyond the rhetoric', *Phi Delta Kappan* 77, 4: 275–99.

Roberts, R. and Mather, N. (1995) 'The return of students with learning disabilities to regular classrooms: a sell out?', *Learning Disabilities: Research and Practice* 10, 1: 46–58.

Robinson, G.E. and Bartlett, K.T. (1995) 'Assessing mathematical learning', *Teaching Children Mathematics* 2, 1: 24–7.

Rogers, G. (1982) *Truckin' with Kenny*, Berri: South Australian Education Department.

Rogers, H. and Saklofske, D.H. (1985) 'Self-concept, locus of control and performance expectations of learning disabled children', *Journal of Learning Disabilities* 18, 5: 273–8.

Rogers, W. (1989a) *Decisive Discipline*, Geelong: Institute of Educational Administration.

Rogers, W. (1989b) *Making a Discipline Plan*, Melbourne: Nelson.

Rogers, W. (1995) *Behaviour Management: A Whole School Approach*, Sydney: Ashton Scholastic.

Rosenshine, B. (1986) 'Classroom instruction', in N.L. Gage (ed.), *The Psychology of Teaching Methods*, Chicago: NSSE.

Rosenshine, B. (1995) 'Advances in research on instruction', *Journal of Educational Research* 88, 5: 262–8.

Rowe, M.B. (1986) 'Wait time: slowing down may be a way of speeding up', *Journal of Teacher Education* 37, 1: 43–50.

Ruthven, K. (1995) 'Pupils views of number work and calculators', *Educational Research* 37, 3: 229–37.

Sacks, S.Z., Kekelis, L.S. and Gaylord-Ross, R.J. (1992) *The Development of Social Skills by Blind and Visually Impaired Students*, New York: American Foundation for the Blind.

Sale, P. and Carey, D.M. (1995) 'The sociometric status of students with disabilities in a full-inclusion school', *Exceptional Children* 62, 1: 6–19.

Salend, S.J. (1994) *Effective Mainstreaming: Creating Inclusive Classrooms* (2nd edn), New York: Macmillan.

Salisbury, C.L., Gallucci, C., Palombaro, M. and Peck, C.A. (1995) 'Strategies that promote social relations among elementary students with and without disabilities in inclusive schools', *Exceptional Children* 62, 2: 125–37.

Salmon, B. (1990) 'The role of games in the primary curriculum', *Teaching Mathematics* 15, 2: 24.

Salvesen, K.A. and Undheim, J.O. (1994) 'Screening for learning disabilities with teacher rating scales', *Journal of Learning Disabilities* 27, 1: 60–6.

Salvia, J. and Hughes, C. (1990) *Curriculum-based Assessment*, New York: Macmillan.

Satz, P. and Friel, J. (1974) 'Some predictive antecedents of specific reading disability: a preliminary two-year follow-up', *Journal of Learning Disabilities* 7, 7: 437–44.

Satz, P., Taylor, H.G., Friel, J. and Fletcher, J. (1978) 'Some developmental and predictive precursors of reading disability: a six year follow-up', in A.L. Benton and D.P. Pearl (eds) *Dyslexia: An Appraisal of Current Knowledge*, New York: Oxford University Press.

Sawyer, D.J. and Fox, B.J. (1991) *Phonological Awareness in Reading*, New York: Springer Verlag.

Schunk, D.H. (1989) 'Self-efficacy and cognitive achievement', *Journal of Learning Disabilities* 22, 1: 14–22.

Schwartz, S.L. and Curcio, F.R. (1995) 'Learning mathematics in meaningful contexts: an action-based approach in the primary grades', in P.A. House and A.F. Coxford (eds) *Connecting Mathematics Across the Curriculum*, Reston: National Council of Teachers of Mathematics.

Sears, H.C. and Johnson, D.M. (1986) 'The effects of visual imagery on spelling performance', *Journal of Educational Research* 79, 4: 230–3.

Sebba, J. and Ainscow, M. (1996) 'International development in inclusive schooling', *Cambridge Journal of Education* 26, 1: 5–18.

Secada, W.G. (1992) 'Race, ethnicity, social class, language, and achievement in mathematics', in D.A. Grouws (ed.) *Handbook of Research on Mathematics Teaching and Learning*, New York: Macmillan.

Serna, L. (1993) 'Social skills instruction', in E.A. Polloway and J.R. Patton (eds) *Strategies for Teaching Learners with Special Needs* (5th edn), New York: Merrill.

Shanahan, T. and Barr, R. (1995) 'Reading Recovery: an independent evaluation of the effects of an early instructional intervention for at-risk learners', *Reading Research Quarterly* 30, 4: 958–96.

Shaw, S., Cullen, J., McGuire, J. and Brinckerhoff, L. (1995) 'Operationalizing a definition of learning disabilities', *Journal of Learning Disabilities* 28, 9: 586–97.

Silver, A.A. (1978) 'Prevention', in A.L. Benton and D. Pearl (eds) *Dyslexia: An Appraisal of Current Knowledge*, New York: Oxford University Press.

Sindelar, P. and Deno, S.L. (1978) 'The effectiveness of resource programming', *Journal of Special Education* 12, 1: 17–28.

Skemp, R. (1976) 'Relational understanding and instrumental understanding', *Mathematics Teaching* 77: 20–6.

Slavin, R.E. (1991) 'Synthesis of research on cooperative learning', *Educational Leadership* 48, 5: 71–82.

Slavin, R.E. (1996) 'Neverstreaming: preventing learning disabilities', *Educational Leadership* 53, 5: 4–7.

Smelter, R.W., Rasch, B. and Yudewitz, G. (1994) 'Thinking of inclusion for all special needs students? Better think again', *Phi Delta Kappan* 76, 1: 35–8.

Smith, F. (1978) *Reading without Nonsense*, New York: Teachers College Press.

Smith, F. (1992) 'Learning to read: the never ending debate', *Phi Delta Kappan* 73, 6: 432–41.

Smith, N.B. (1969) 'The many faces of reading comprehension', *Reading Teacher* 23, 3: 249–59.

Smith, R. and Urquhart, I. (1996) 'Science and special educational needs', in E. Bearne (ed.) *Differentiation and Diversity in the Primary School*, London: Routledge.

Snider, V.E. (1992) 'Learning styles and learning to read: a critique', *Remedial and Special Education* 13, 1: 6–18.

Sparzo, F.J. and Poteet, J.A. (1993) 'Managing classroom behaviour to enhance teaching and learning', in J.S. Choate (ed.) *Successful Mainstreaming*, Boston: Allyn and Bacon.

Stahl, S.A. (1992) 'Saying the "p" word: nine guidelines for exemplary phonics instruction', *The Reading Teacher* 45, 6: 618–25.

Stainback, S., Stainback, W., East, K. and Sapon-Shevin, M. (1994) 'A commentary on inclusion and the development of a positive self-identity by people with disabilities', *Exceptional Children* 60, 6: 486–90.

Stainback, W., Stainback, S. and Stefanich, G. (1996) 'Learning together in inclusive classrooms', *Teaching Exceptional Children* 28, 3: 14–19.

Stainback, W., Stainback, S. and Wilkinson, A. (1992) 'Encouraging peer support and friendships', *Teaching Exceptional Children* 24, 2: 6–11.

Stanovich, K.E. (1986) 'Matthew Effects in reading: some consequences of individual differences in the acquisition of literacy', *Reading Research Quarterly* 21, 4: 360–407.

Staub, D. and Peck, C.A. (1995) 'What are the outcomes for nondisabled students?', *Educational Leadership* 52, 4: 36–40.

Stoessiger, R. and Wilkinson, M. (1991) 'Emergent Mathematics', *Education 3–13* 19, 1: 3–11.

Stott, D.H. (1978) *Helping Children with Learning Difficulties*, London: Ward Lock.

Stott, D.H., Green, L., and Francis, J. (1983) 'Learning style and school attainment', *Human Learning* 2: 61–75.

Stuart, M. (1995) 'Prediction and qualitative assessment of five- and six-year old children's reading: a longitudinal study', *British Journal of Educational Psychology* 65: 287–96.

Sullivan, G.S., Mastropieri, M.A. and Scruggs, T.E. (1995) 'Reasoning and remembering: coaching students with learning disabilities to think', *Journal of Special Education* 29, 3: 310–22.

Sutton, G. (1992) 'Cooperative learning works in mathematics', *Mathematics Teacher* 85, 1: 63–6.

Swicegood, P.R. and Linehan, S.L. (1995) 'Literacy and academic learning for students with behavioral disorders: a constructivist view', *Education and Treatment of Children* 18, 3: 335–47.

Taffe, R. and Smith, I.D. (1993) 'Behavioural and cognitive approaches to social skills training with young children', *Australasian Journal of Special Education* 18, 1; 26–35.

Talay-Ongan, A. (1994) 'Preventive intervention: preschoolers at-risk for learning difficulties', *Australasian Journal of Special Education* 18, 2: 11–20.

Templeton, S. (1992) 'New trends in an historical perspective: old story, new resolution, – sound and meaning in spelling', *Language Arts* 69; 454–63.

Tester, B. and Horoch, S. (1995) *Whole Language Phonics*, Melbourne: Longman.

Thompson, R., White, K. and Morgan, D. (1982) 'Teacher–student interaction patterns in classrooms with mainstreamed mildly handicapped students', *American Educational Research Journal* 19, 2: 220–36.

Thornton, C. and Bley, N. (eds) (1994) *Windows on Opportunity: Mathematics for Students with Special Needs*, Reston: National Council of Teachers of Mathematics.

Thornton, C. and Jones, G. (1994) 'Computational sense', in C.A. Thortnton and N. Bleys (eds) *Windows of Opportunity: Mathematics for Students with Special Needs*, Reston, National Council of Teachers of Mathematics.

Threlfall, J. (1996) 'The role of practical apparatus in the teaching and learning of arithmetic', *Educational Review* 48, 1: 3–12.

Thurman, S.K. and Widerstrom, A.H. (1990) *Infants and Young Children with Special Needs* (2nd edn), Baltimore: Brookes.

Topping, K. (1991) 'Achieving more with less: raising reading standards via parental involvement and peer tutoring', *Support for Learning* 6, 3: 112–15.

Torgesen, J.K., Wagner, R.K. and Rashotte, C.A. (1994) 'Longitudinal studies of phonological processing and reading', *Journal of Learning Disabilities* 27,

5: 276–86.

Trethowan, V., Harvey, D. and Fraser, C. (1996) 'Reading Recovery: comparison between its efficacy and normal classroom instruction', *Australian Journal of Language and Literacy* 19, 1: 29–37.

Vallecorsa, A., Ledford, R. and Parnell, G. (1991) 'Strategies for teaching composing skills', *Teaching Exceptional Children* 23, 2: 52–5.

Vandervelden, M.C. and Siegel, L.S. (1995) 'Phonological recoding and phoneme awareness in early literacy: a developmental approach', *Reading Research Quarterly* 30, 4: 854–75.

Van Kraayenoord, C. and Elkins, J. (1994) 'Learning difficulties in regular classrooms', in A. Ashman and J. Elkins (eds) *Educating Children with Special Needs* (2nd edn), New York: Prentice Hall.

Varnhagen, C.K. and Das, J.P. (1992) 'Analysis of cognitive processing and spelling errors of average and reading disabled children', *Reading Psychology* 13: 217–39.

Vaughn, S. and Schumm, J.S. (1995) 'Responsible inclusion for students with learning disabilities', *Journal of Learning Disabilities* 28, 5: 264–70, 290.

Vincent, L.J. (1995) 'Preschool curriculum and instruction', in M.A. Falvey (ed.) *Inclusive and Heterogeneous Schooling*, Baltimore: Brookes.

Wales, M.L. (1994) 'A language experience approach (LEA) in adult immigrant literacy programs in Australia', *Journal of Reading* 38, 3: 200–8.

Walker, D., Greenwood, C., Hart, B. and Carta, J. (1994) 'Prediction of school outcomes based on early language production and socio-economic factors', *Child Development* 65, 2: 606–21.

Wallace, G. and Kauffman, J.M. (1986) *Teaching Students with Learning and Behaviour Problems* (3rd edn), Columbus: Merrill.

Wang, M.C. (1981) 'Mainstreaming exceptional children: some instructional design and implementation considerations', *Elementary School Journal* 81, 4: 195–221.

Wang, M.C. and Stiles, B. (1976) 'An investigation of children's concept of self-responsibility for their school learning', *American Educational Research Journal* 13, 3: 159–79.

Wang, M.C. and Zollers, N.J. (1990) 'Adaptive instruction: an alternative service delivery approach', *Remedial and Special Education* 11, 1: 7–21.

Warger, C.L. and Pugach, M.C. (1996) 'Forming partnerships around curriculum', *Educational Leadership* 53, 5: 62–5.

Warren, J.S. and Flynt, S.W. (1995) 'Children with Attention Deficit Disorder: diagnosis and prescription of reading skill deficits', *Reading Improvement* 32, 2: 105–10.

Wasik, B.A. and Karweit, N.L. (1994) 'Off to a good start: effects of birth to three interventions on early school success', in R.E. Slavin, N.L. Karweit and B.A. Wasik (eds) *Preventing Early School Failure*, Boston: Allyn and Bacon.

Wasik, B.A. and Slavin, R.E. (1993) 'Preventing early reading failure with one-to-one tutoring: a review of five programs', *Reading Research Quarterly* 28, 2: 179–200.

Weckert, C. (1989) *Spelling Companion for Teachers*, Sydney: Martin.

Weimer, W. and Weimer, A. (1977) *Arithmetic Readiness Inventory*, Columbus: Merrill.

Weinstein, C.E., Ridley, D.S., Dahl, T. and Weber, E.S. (1989) 'Helping students develop strategies for effective learning', *Educational Leadership* 46, 4: 17–19.

Weisberg, P. and Savard, C.F. (1993) 'Teaching preschoolers to read: don't stop between the sounds when segmenting words', *Education and Treatment of Children*

16, 1: 1–18.

Wendon, L. (1992) *Letterland* (5th edn), Barton, Cambridge: Letterland Publications.

Wepner, S.B. (1991) 'Linking technology to genre-based reading', *Reading Teacher* 45, 1: 68–9.

Westwood, P.S. (1994) 'Reading and writing in the special school', *Australian Journal of Remedial Education* 26, 1: 28–32.

Westwood, P.S. (1995a) 'Learner and teacher: perhaps the most important partnership of all', *The Australasian Journal of Special Education* 19, 1: 5–16.

Westwood, P.S. (1995b) 'Teachers' beliefs and expectations concerning students with learning difficulties', *Australian Journal of Remedial Education* 27, 2: 19–21.

Wheal, R. (1995) 'Unleashing individual potential: a team approach', *Support Learning* 10, 2: 83–7.

Wheldall, K. (1995) 'Helping readers who are behind', *Education Monitor* 6, 1: 23–5.

Wheldall, K., Center, Y. and Freeman, L. (1993) 'Reading recovery in Sydney primary schools', *Australasian Journal of Special Education* 17, 2: 51–63.

Whitin, D.J. (1995) 'Connecting literature and mathematics', in P.A. House and A.F. Coxford (eds) *Connecting Mathematics Across the Curriculum*, Reston: National Council of Teachers of Mathematics.

Williams, W. and Fox, T.J. (1996) 'Planning for inclusion: a practical process', *Teaching Exceptional Children* 28, 3: 6–13.

Wilson, C.L. and Sindelar, P.T. (1991) 'Direct instruction in Math Word problems: students with learning disabilities', *Exceptional Children* 57, 6: 512–19.

Wimmer, H. (1996) 'The nonword reading deficit in developmental dyslexia: evidence from children learning to read German', *Journal of Experimental Child Psychology*, 61, 1: 80–90.

Wolf, A. and Fine, E. (1996) 'The Sharing Tree', *Teaching Exceptional Children* 28, 3: 76–7.

Wong, B., Butler, D.L., Ficzere, S.A. and Kuperis, S. (1996) 'Teaching low achievers and students with learning disabilities to plan, write, and revise opinion essays', *Journal of Learning Disabilities* 29, 2: 197–212.

Wong, B.Y. (1986) 'A cognitive approach to teaching spelling', *Exceptional Children* 53, 2: 169–73.

Wood, A. (1996) 'Differentiation in primary mathematics', in E. Bearne (ed.) *Differentiation and Diversity in the Primary School*, London: Routledge.

Wragg, J. (1989) *Talk Sense to Yourself*, Hawthorn: ACER.

Wray, D. and Medwell, J. (1989) 'Using desk-top publishing to develop literacy', *Reading* 23, 2: 62–8.

Young, B. and Rees, R. (1995) 'Born to fail: children at risk for severe learning difficulties', *Children Australia* 20, 4: 31–2.

Zalud, G.G., Hoag, C.C. and Wood, R.W. (1995) 'Combining the best aspects of different positions in reading instruction', *Reading Improvement* 32, 2: 121–3.

Zimmerman, B. and Schunk, D. (1989) *Self-regulated Learning and Academic Achievement*, New York: Springer Verlag.

Zipprich, M.A. (1995) 'Teaching web making as a guided planning tool to improve student narrative writing', *Remedial and Special Education* 16, 1: 3–15, 52.

特殊兒童教學法

原　　　著／Peter Westwood
譯　　　者／陳夢怡・李淑貞
推　　　薦／邱惜玄 校長
執行編輯／黃碧釧
出 版 者／弘智文化事業有限公司
登 記 證／局版台業字第6263號
地　　　址／台北市丹陽街39號1樓
E - M a i l／hurngchi@ms39.hinet.net
電　　　話／（02）23959178・23671757
郵政劃撥／19467647　戶名：馮玉蘭
傳　　　眞／（02）23959913，23629917
發 行 人／邱一文
總 經 銷／旭昇圖書有限公司
地　　　址／台北縣中和市中山路2段352號2樓
電　　　話／（02）22451480
傳　　　眞／（02）22451479
製　　　版／信利印製有限公司
版　　　次／2001年8月初版一刷
定　　　價／300元

ISBN 957-0453-35-4

國家圖書館出版品預行編目資料

特殊兒童教學法 / Peter Westwood原著；陳夢
怡‧李淑貞譯. -- 初版. -- 臺北市：弘智文化，
2001〔民90〕
　　面：　　公分
參考書目：面
譯自：Commonsense methods for children
with special needs : strategies for the
regular classrom
　ISBN 957-0453-35-4（平裝）

　1.特殊教育 - 教學法

529.6　　　　　　　　　90011979